# 骑行深圳
## CYCLING ACROSS SHENZHEN
深 圳 骑 行 道 路 指 引 ❶

深圳市文化广电旅游体育局　编著

中国青年出版社

**图书在版编目（CIP）数据**

骑行深圳：深圳骑行道路指引 . ① / 深圳市文化广电旅游体育局编著 . -- 北京：中国青年出版社，2024.12（2025.4 重印）. -- ISBN 978-7-5153-7592-2

Ⅰ . G872.3

中国国家版本馆 CIP 数据核字第 202457UW85 号


**骑行深圳：深圳骑行道路指引 ①**

深圳市文化广电旅游体育局　编著

责任编辑：彭慧芝
出版发行：中国青年出版社
社　　址：北京市东城区东四十二条 21 号（邮编：100708）
网　　址：www.cyp.com.cn
编辑中心：010-57350578
营销中心：010-57350370
经　　销：新华书店
印　　刷：北京中科印刷有限公司
规　　格：889mm×1194mm　1/32
印　　张：10.75
字　　数：300 千字
版　　次：2024 年 12 月北京第 1 版
印　　次：2025 年 4 月北京第 2 次印刷
定　　价：98.00 元


如有印装质量问题，请凭购书发票与质检部联系调换
联系电话：010-57350337

## 《骑行深圳》系列编委会

主　　任：刘　蕾　张国宏
副 主 任：何建辉　何　涛
成　　员：王　继　宋丽萍　陈国龙　马　瑛　骆妍宇
　　　　　刘裕荷　冯颖霞　朱玉华　赵广锐　陈蓝蓝
　　　　　包小红　陈佳荣　徐　琳　潘　勇

### 本书编写组

主　　编：王　继　潘　勇
副 主 编：樊文锋　袁自修
撰　　稿：王　继　袁自修　吴志行　熊　伟
美　　术：付　丽　邢　睿
勘　　测：袁自修　黄　毅　吴志行　刘燕萍　张　翼
　　　　　刘硕怡　袁　俊

# 前言

去试试骑行。

睡眠、工作、学习、交流、就餐、健身、思考、发呆，当您一时去不了远方，大概率是在以上几种生活状态中辗转。如果稍觉沉闷，不妨去试试骑行。

在依山傍水的城市骑行是一种享受，尤其海滨骑行更是令人向往。根据环境和心情，掌握自己的节奏，收放自如。蹬踏时，或低头看路，或平视远方；休憩时，可享受静谧，可仰望天空。

您可以有目的地，也可以没有。与自然为伴，与人文交流，消融生活的挫折，保持从容进取的心态，生发美好的心情。

深圳已有 3600 多公里的绿道，3700 多公里的非机动车道，广阔天地，任君驰骋。深圳已出台至 2035 年的自行车交通发展规划，至 2035 年的休闲骑行道专项规划和至 2027 年的休闲骑行道建设行动计划。想象沿途风景、自然人文，挥汗健身，笑逐颜开。

本系列书向骑友推介深圳的特色骑行道路。第一册推介 16 条，其中滨海为主 4 条、河湖为主 6 条、山林为主 6 条，让我们离开案牍与庸常，徜徉于大美山水。

如果您在阅读和骑行中，野蛮了体魄，文明了精神，融入了自然和人文，体会和理解了深圳在过去、当下和未来的奋进，我们的心将贴得更近。

本书编写组<br>2025 年 4 月

# 目录 CONTENTS

## 滨海骑行道

西部滨海骑行道……………………… 003
东部海滨山林骑行道………………… 051
新东路绿道…………………………… 087
海贝湾—畲吓湾绿道………………… 101

## 河湖骑行道

环石岩湖骑行道……………………… 117
环立新湖骑行道……………………… 139
环西丽湖碧道………………………… 155
大沙河生态长廊……………………… 175
福田河绿道…………………………… 191
茅洲河碧道…………………………… 209

## 山林骑行道

环城绿道阳台山段…………………… 225
梧桐绿道……………………………… 243
大顶岭绿道…………………………… 257
凤凰山绿道…………………………… 273
大运绿道……………………………… 287
银湖山郊野径………………………… 307

## 附 录

骑行道的类型
骑行道难度分级
深圳骑行公约
骑行前热身和骑行后拉伸
骑行感言
骑友金句
喜德盛阿斯塔纳车队寄语

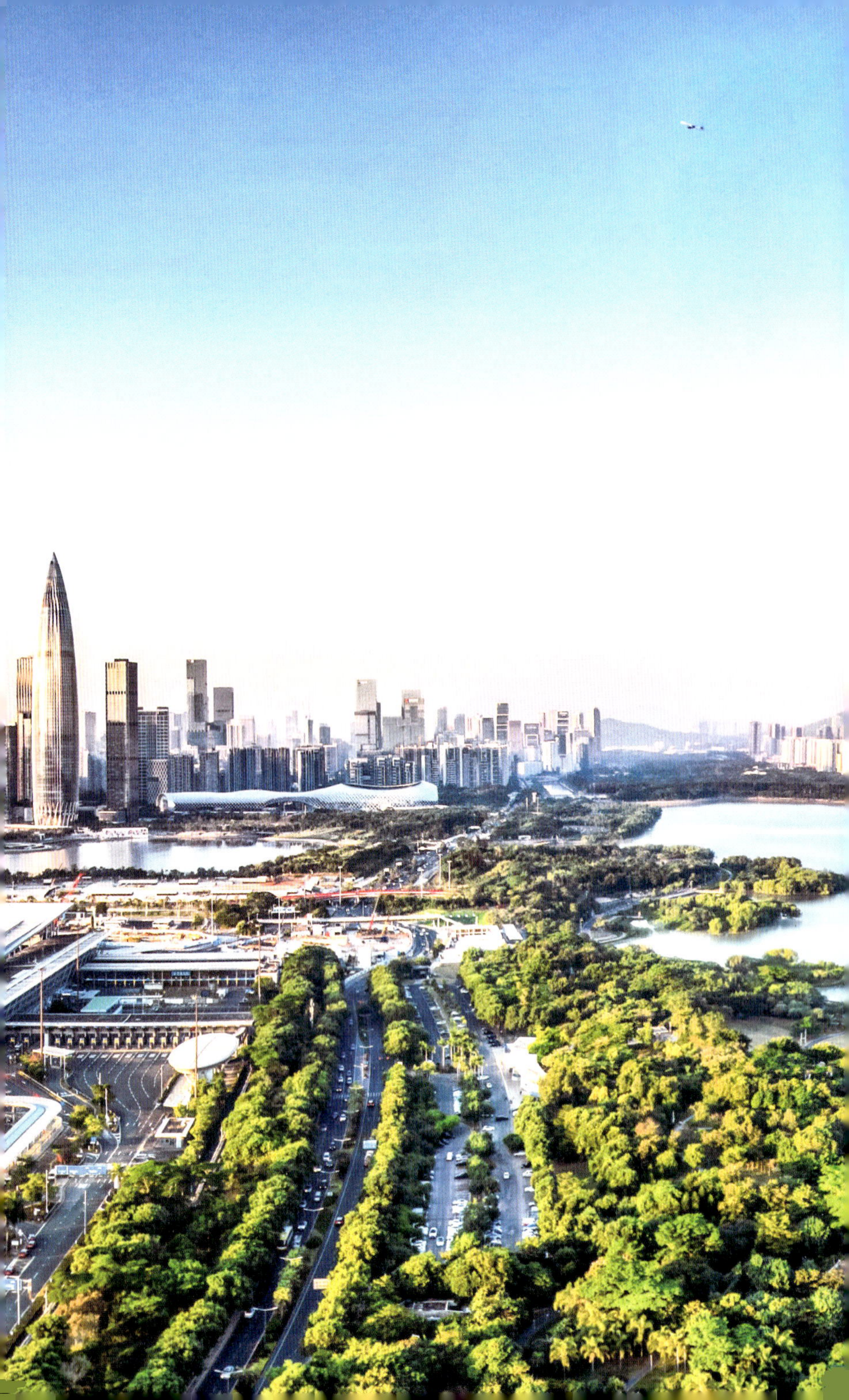

# 滨海骑行道

西部滨海骑行道
东部海滨山林骑行道
新东路绿道
海贝湾—畲吓湾绿道

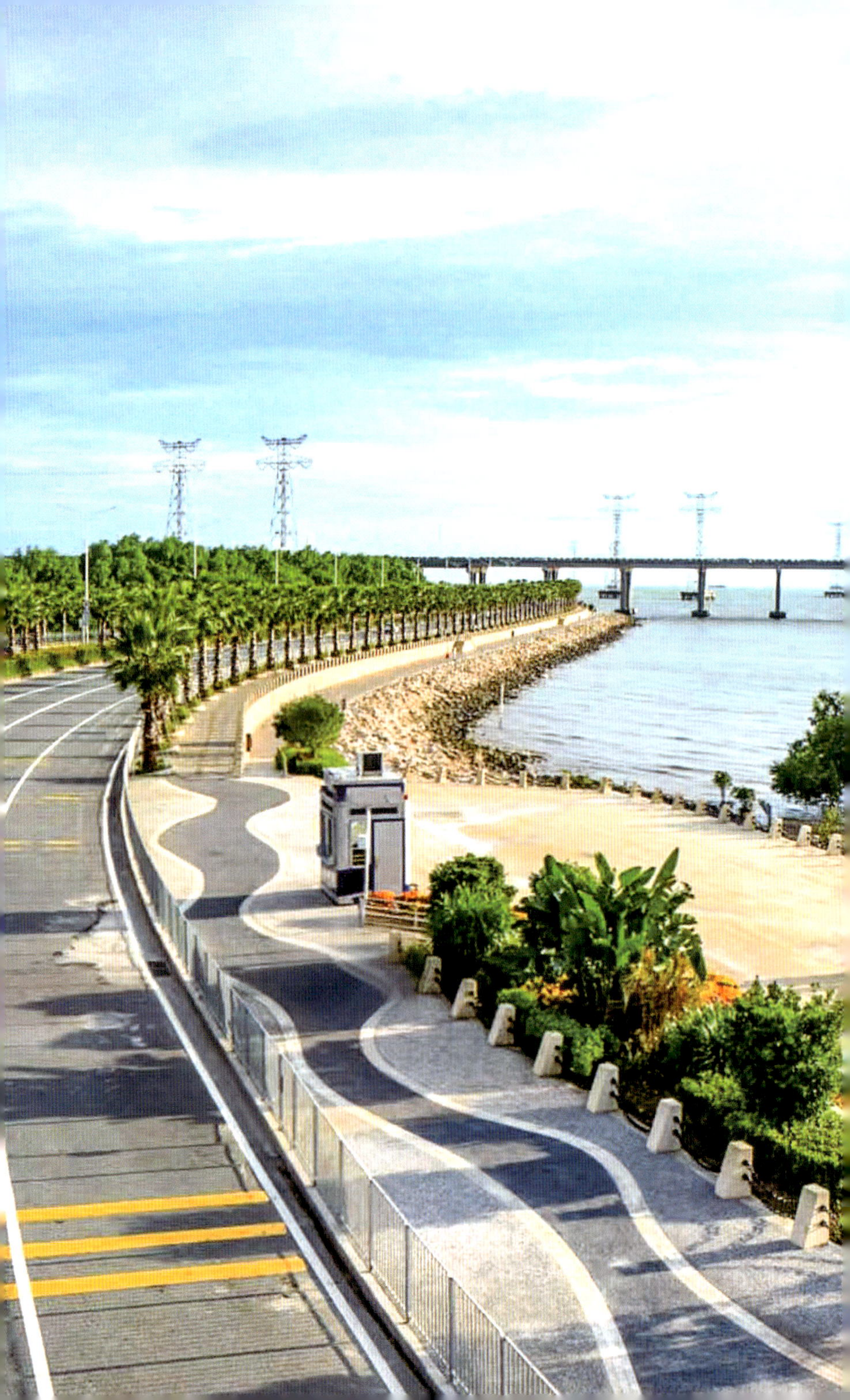

# 西部滨海骑行道

**Western Coast Cycling Track**

## 骑行指南

**路线情况**

长度 42.2 公里，宽度 1.5 米—4 米，海拔范围-13 米—1 米。沥青路、砖铺路、石板路，路面平坦、转弯平缓，骑行道单独设计，部分路段与行人混行

**推荐入口**

滨海大道红树林海滨生态公园北 6 门、北湾鹭港、日出剧场、运动公园、女娲滨海公园、前海石公园、欢乐港湾、固戍码头

**推荐停车**

红树林海滨生态公园 1 号停车场、北湾鹭港 4 号停车场、日出剧场 5 号停车场、运动公园 8 号停车场、海上世界文化艺术中心、滨海公园 P3 停车场、固戍海滨停车场

**配套设施**

驿站、饮水点、洗手间、长凳、遮阳凉亭、自助售卖机、自助充电宝

**开放时间**：06：00—23：00

**适合人群**：普适

**适合车型**：所有车型

## 分段及景点

**红树林海滨生态公园北 6 门至小沙山段**：5.7 公里
**景点**：观鸟台、白鹭坡、北湾鹭港

**小沙山至深圳湾运动公园段**：4.8 公里
**景点**：大运会火炬纪念塔、流花山公园、弯月山谷

**深圳湾运动公园至女娲滨海公园段**：6.6 公里
**景点**：日出剧场、观桥公园、运动公园、特色钢桥、阅海广场、灯塔纪念台地、渔人码头、码头公园、女娲滨海公园

**女娲滨海公园至欢乐港湾段**：13.5 公里
**景点**：蛇口港、前海石公园、演艺公园、欢乐港湾

**欢乐港湾至固戍码头段：** 11.6 公里
**景点：** 湾区之光、湾区之声、桥下空间、西湾红树林公园

**骑行评价**

推荐指数　★★★★☆
观赏指数　★★★★☆
难易指数　★★☆☆☆

**雷达指数**

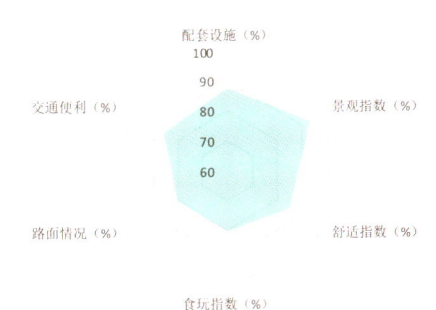

```
              配套设施（%）
                 100
                  90
交通便利（%）     80      景观指数（%）
                  70
                  60


路面情况（%）            舒适指数（%）


              食玩指数（%）
```

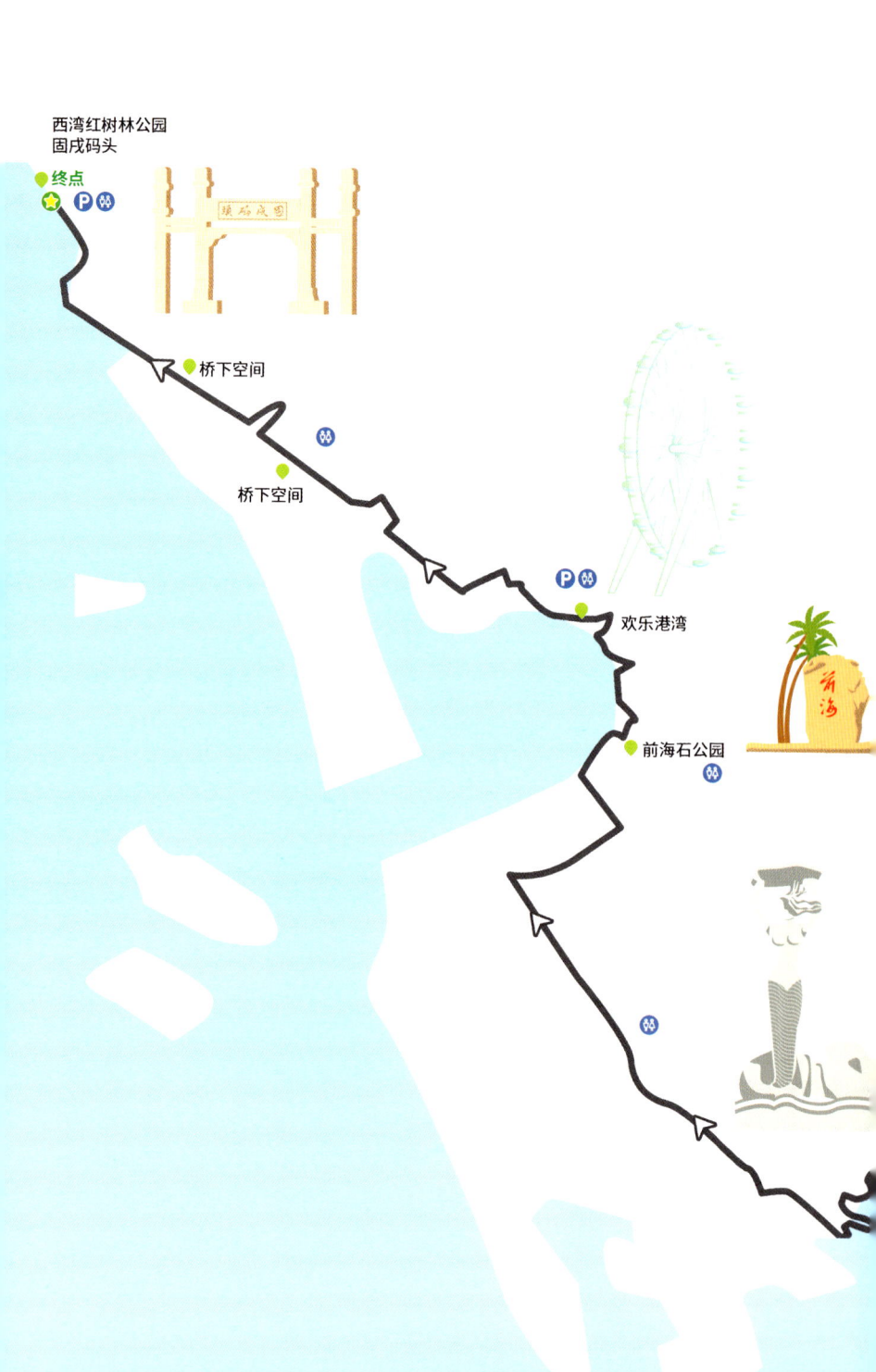

西湾红树林公园
固戍码头
● 终点

● 桥下空间

● 桥下空间

● 欢乐港湾

● 前海石公园

N

福田红树林
自然保护区

起点
红树林
海滨生态公园北6门

大沙河入海口

北湾鹭港
白鹭坡

大运会火炬纪念塔

黑脸琵鹭

日出剧场

观桥公园
运动公园

中心河入海口

公园
灯塔纪念台地

起终点　　洗手间　　休息区　　停车场

## 🚴 骑记

　　西部滨海骑行道东起红树林海滨生态公园，西至固戍码头，将数十个景点串联一体，椰树林立、鱼跃鹭飞。其间的深圳湾绿道被称为"最美都市海岸带"，是体现生态与人文相融合的城市名片。

**深圳湾**

位于香港特别行政区和深圳市之间,是一个半封闭的河口海湾,属于典型的河口—海湾湿地生态系统。这里是许多动植物的栖息地。

## 红树林海滨生态公园北 6 门至小沙山

从红树林海滨生态公园北 6 门进入，左侧是 红树林自然保护区 的标志性石碑，骑行圈俗称"大石头"，旁边是红树林鸟类明星 —— 黑脸琵鹭的模型。今天要骑行的第一站 —— 红树林海滨生态公园。

骑行在蜿蜒的海岸线上，一面是车水马龙、摩天大楼耸立的繁华都市，一面是鸟翔鱼跃、蓝天碧海的绝美海岸。清晨海上日出，傍晚夕阳美景；春夏花卉竞相绽放，秋冬候鸟南迁飞舞。一年四季面朝大海，温暖如春。

从红树林海滨生态公园至小沙山，全程 5.7 公里，这段路堪称"植物的王国、鸟类的天堂"。

#### 红树林自然保护区
福田红树林自然保护区是全国唯一处于城市腹地，且面积最小的国家级自然保护区。它位于东亚 —— 澳大利西亚候鸟迁飞区，是东半球候鸟迁徙的栖息地和中途歇脚点。2023 年 9 月，全球首个国际红树林中心落户深圳。

滨海骑行道 | 011

红树林海滨生态公园

1999年初，在建设滨海大道时，深圳市将原规划穿过红树林的路线北移200多米，将约21万平方米的建设用地改造成红树林海滨生态公园。通过开展红树林湿地生态修复工程，深圳市实现了经济社会高质量发展和生态环境高水平保护。

红树林海滨生态公园有高等植物170余种，其中红树植物9科16种，包括木榄、白骨壤、老鼠簕等。每年有10万只以上的候鸟在深圳湾歇脚或过冬。公园有鸟类190多种，其中黑脸琵鹭、小青脚鹬、黑嘴鸥等20余种为珍稀濒危物种。

▲ 红树林自然保护区

**木榄**
花红色，花期5月到9月。

**白骨壤**
因枝干灰白色，得名白骨壤。花黄色，花期4月到8月。

**老鼠簕**
果实呈椭圆形，形似小老鼠。花白色带紫，形似宝塔，花期4月到6月。

▲ 红树林自然滩涂地

**黑脸琵鹭**
长嘴扁平如汤匙状，形似琵琶。在《世界自然保护联盟濒危物种红色名录》中被列为濒危等级，全球数量约为5500只。

**小青脚鹬**
性情胆小而机警，稍有惊动即刻起飞。分布区域狭窄，数量稀少。

**黑嘴鸥**
嘴黑色，脚红色，数量稀少。《世界自然保护联盟濒危物种红色名录》将其列为易危等级，全球有8000余只，中国约有6000只。

▲ 深圳湾公园地铁站出站海景

不知不觉间骑行了 1.6 公里，来到中湾阅海广场，这里是远望深圳湾景色的最佳位置之一，右边是出站即见海的 深圳湾公园地铁站 D2 出站口。广场内有深圳首个可移动模块化公园书吧 —— 迁鸟书吧，与 欢乐海岸 隔滨海大道相望。

骑行途中有多处洗手台及智能型服务驿站，可根据个人需要休憩补给，不用担心阳光炙热，也不必担忧雨滴突然降落。

◀ 深圳湾公园地铁站

滨海骑行道 | 015

▲ 迁鸟书吧

▲ 欢乐海岸

**迁鸟书吧**
由 6 个模块组合而成，可现场组装。可移动、可拆卸，实现了建筑全生命周期价值最大化，为公园绿地未来发展预留可行性。

**欢乐海岸**
将商业与旅游休闲融为一体的新业态。

▲ 深圳湾观鸟

　　沿着迁鸟书吧的台阶往下走,是观鸟的绝佳场所。清晨和傍晚时分,稍晚就挤不上观鸟台了,故而很多人在岸边礁石上或坐或站拍摄、观鸟。

　　继续向前骑行至 3.2 公里处,来到以海洋文化为主题的海韵公园。公园位于深圳湾中部,是观景的最佳位置。夜幕降临,深圳湾滨海建筑群全景更具视觉冲击力。

　　从海韵公园前行 800 米,来到极具电影画面感的白鹭坡,这里是摄影师拍摄白鹭的最佳地点。幽静的树林后面,掩映着面朝大海的独栋书屋——白鹭坡书吧。

深圳湾观鸟
作为东半球候鸟迁徙通道重要的"中转站"和"加油站",每年 10 月至次年 3 月,约有十万只、上百种候鸟飞抵深圳湾,奏响"深圳湾生态交响曲"。随后,它们或在此过冬,或短暂休整继续南飞。清晨和傍晚是观鸟的最佳时间。

白鹭坡书吧

门前花丛中有白鹭雕塑点缀。图书以诗歌、人文、自然、社科、园林园艺类为主。透过三面玻璃幕墙，可观白鹭嬉戏，饱览海景。

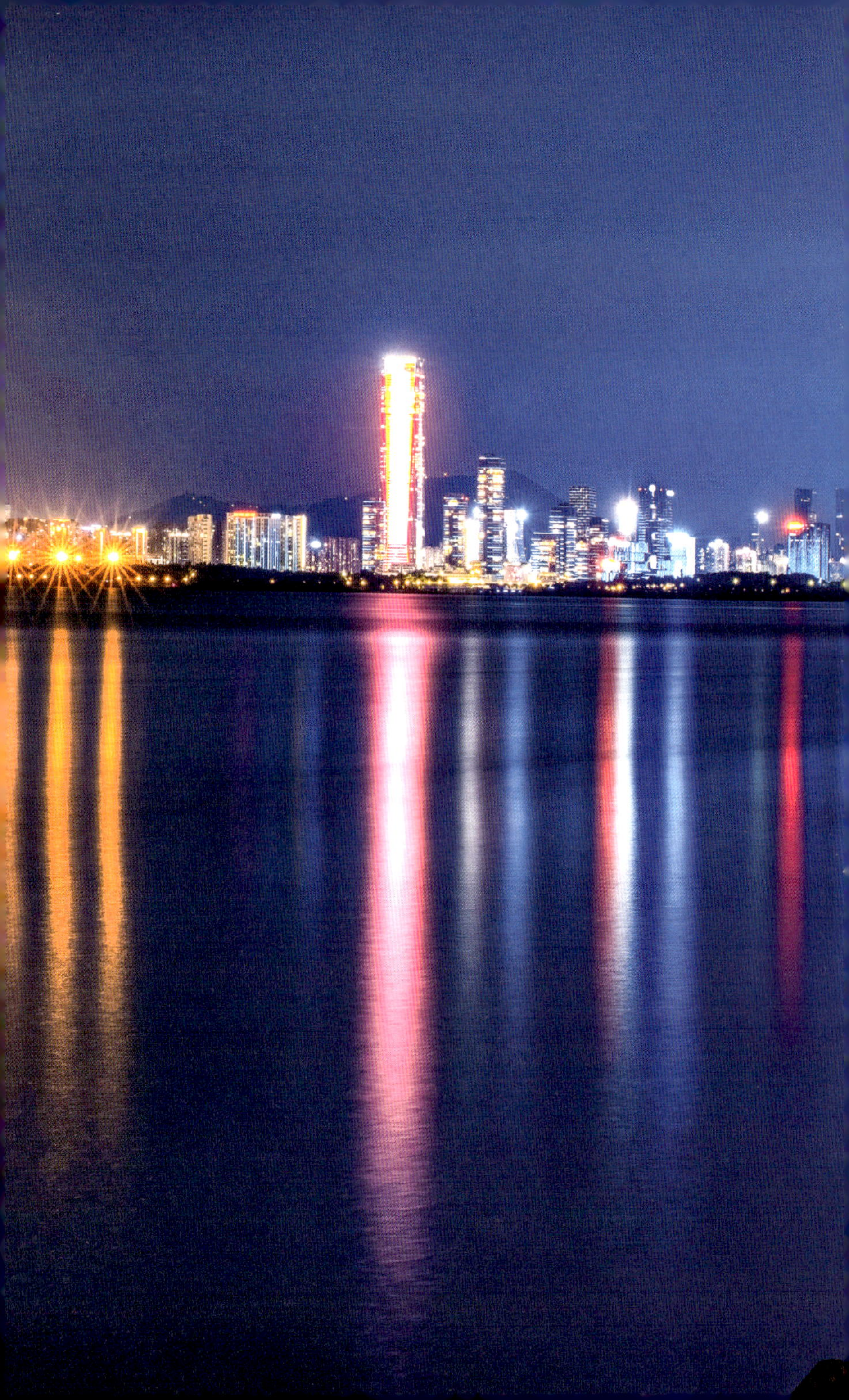

深圳湾建筑群夜景

▲ 大沙河入海口

　　骑行到 5 公里处，就是北湾鹭港。东部是休息广场和儿童天地，西部为观海景的草地，中间则是临水的台阶，两侧各有一座观海栈桥延伸入海。自此骑行约 5 分钟可到达

华润大厦、深圳湾体育中心。

继续骑行 700 米,来到东段的最后一站——小沙山,此处视野开阔,为 大沙河入海口。

▲ 深圳湾体育中心

## 小沙山至深圳湾运动公园

骑行到 6 公里处，来到深圳**大运会火炬塔**纪念广场。26 米高的火炬塔由一本本"书"垒起，每一本"书"代表一届大运会，并镌刻着举办时间和地点。**深圳湾体育中心**"春茧"与纪念塔隔沙河西路相望。自此处骑行 3 分钟，即可到达**华润大厦**和**人才公园**。科技森林与蔚蓝海湾交界处，**深圳湾文化广场**在建。

#### 深圳湾体育中心
第 26 届世界大学生夏季运动会开幕式场地，别名"春茧"。

#### 人才公园
全国首个以"人才"命名的主题公园，于 2017 年 11 月 1 日首个"深圳人才日"开放。

#### 华润大厦
别名"春笋"。高 392.5 米，为地上 66 层、地下 5 层结构。2018 年 12 月启用。

#### 深圳湾文化广场（在建）
将作为深圳建设"设计之都"重要载体和平台，围绕"开发""品质""生长"三个目标，建成为具有全球影响力的设计文化综合体。

▲ 大运会火炬塔

▲ 人才公园

▲ 流花山公园

**凤凰木**
16世纪引入澳门凤凰山，花繁色艳，因地取名凤凰木。

**玉蕊**
花大色艳，花香淡雅，枝叶婆娑，四季常绿。

**羊蹄甲**
花呈紫红色或淡红色，散发芳香。

**银叶树**
红树林主要树种。深绿色叶面，银白色叶背，夏季红花相衬。

▲ 日出剧场

　　继续骑行 700 米，来到花卉主题的流花山公园。夜幕降临，这里就会幻化出一片萤火虫灯海。

　　沐浴着淡淡花香，继续骑行 900 米，将抵达弯月山谷，流线型的山体环抱着圆形草坪。冬季山体阻隔凛冽的北风，夏季开怀迎接东来的海风。

　　骑行 8.3 公里后，到达同样被弧形山体环抱的日出剧场。圆形草坪面向深圳湾，草坪的缓坡如同阶梯座椅，最高处是深圳湾观看日出的最佳地点。剧场中植物以红色系列为主，如夏季开红花的凤凰木、冬季开红花的羊蹄甲等。

　　继续骑行 600 米，到达潮汐公园，可近距离了解潮汐生态，随着潮涨潮落，水中岩石时隐时现。停车漫步，可在 300 多米蜿蜒曲折的栈桥上细观玉蕊、银叶树等红树和半红树植物。

▲ 婚庆公园

　　向前骑行 200 米到达 婚庆公园，大门口是 连理树，中央是圆形的月光花园主景广场，两侧是户外婚庆和聚会空间，花架上长满喜庆的 炮仗花，尽头是延伸至海面的海上婚庆礼堂。

滨海骑行道 | 027

炮仗花

初夏,橙红色的花朵累累成串,状如鞭炮。

连理树

藤本植物把相邻两棵树的树干缠绕在一起,日久天长连成一体。

▲ 深圳湾大桥

　　骑行 10 公里，一路眺望着的 深圳湾大桥 宛如一排巨大的琴键，连接着深港。
　　继续前行就到了本段的最后一站——深圳湾运动公园，也叫海风广场。公园被乔木划分为若干开阔而平坦的草坪，有篮球、网球等运动场地，也可在这里放风筝、掷飞盘、踢足球等。清晨或傍晚天气凉爽，还有人带着乐器来一展歌喉。公园每年举办极限运动嘉年华、国际精酿啤酒节等活动。


深圳湾大桥
全长 5545 米。2003 年 8 月动工建设，2007 年 7 月 1 日建成通车。建设中克服了大跨度、等截面箱梁预制、悬拼线型、梁节胶拼和真空压浆等技术难题。

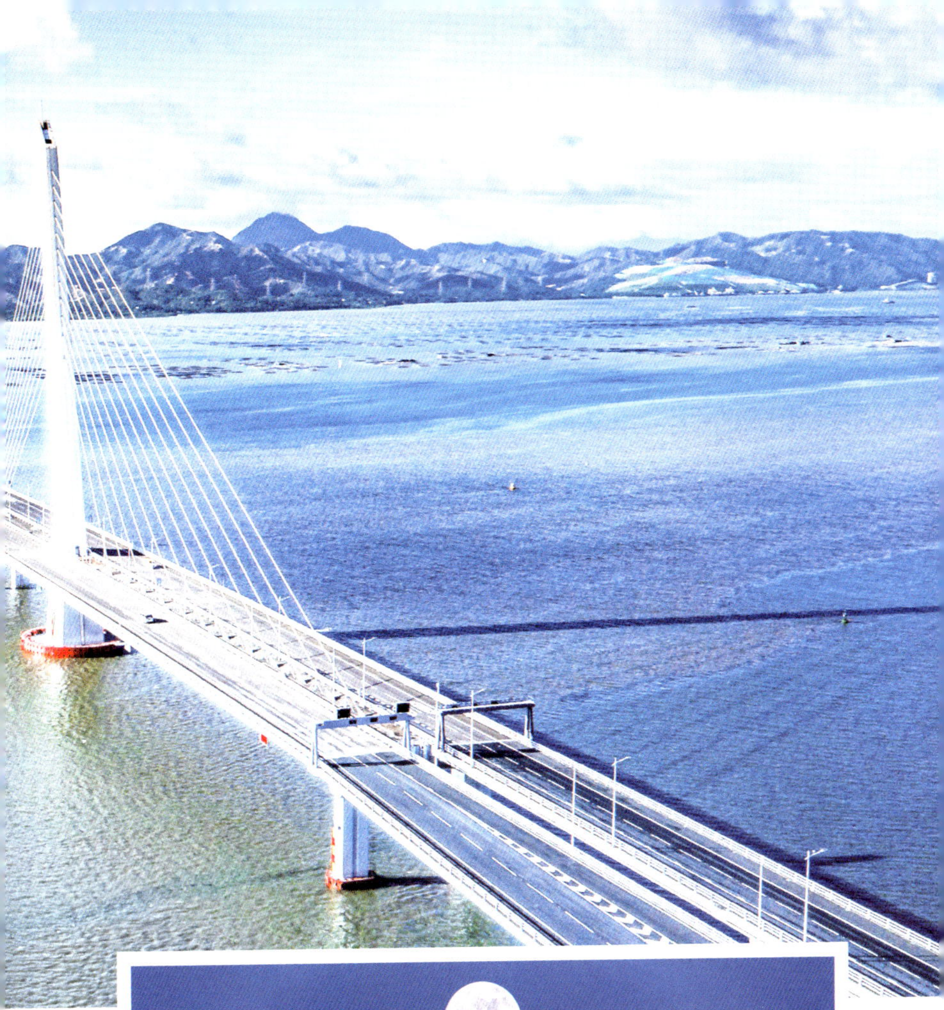

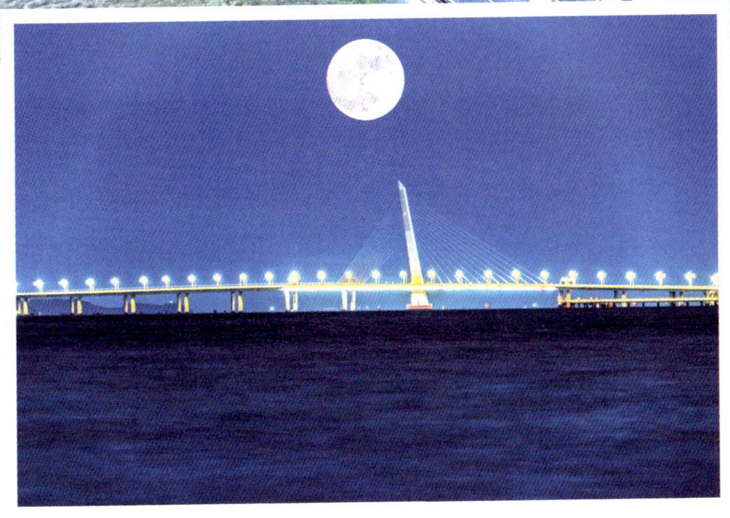

▲ 钢铁艺术装置

▲ 四海公园

## 深圳湾运动公园至女娲滨海公园

离开洋溢着自信笑容的运动人群，眼前是一座北靠中心河公园、面向深圳湾的钢桥，从钢桥骑行到附近的四海公园，只需 6 分钟。

落英缤纷、风浪草柔，骑过钢桥后进入自然公园，可以停车触摸锈红色组合型钢铁艺术装置。在建的"高标准艺术殿堂"——深圳歌剧院预计 2028 年竣工。

▲ 中心河公园

**中心河公园**
草坪宽阔，四季景色各异，内设健身设施，夜晚有灯光秀。

**四海公园**
始建于1987年，是中国第一批向市民免费开放的公园之一。

**钢铁艺术装置**
原始而粗犷的工业记忆，唤起人们对蛇口工业区——中国第一个外向型经济开发区的创业记忆。

**深圳歌剧院（在建）**
将打造成世界级高标准艺术殿堂、粤港澳大湾区国际文化交流新平台、深圳艺术文化新地标、世界级文化旅游目的地。

▲ 灯塔纪念台地

　　继续前行到达阅海广场。登上阅海观景台，极目远眺，观水天一色。

　　不经意间，已骑行了 13 公里，来到灯塔纪念台地，纯白色灯塔静静伫立。蓝天碧海为背景，绿植作映衬，无须滤镜，随手一拍就是海景大片。从这里骑行到附近的南水步行街，3 分钟可达。

　　再骑行 700 米，就到达蛇口渔人码头了。渔港停泊着众多渔船，从此处骑行 2 分钟可达蛇口老街。

　　海风轻拂，海鸟飞翔。天色逐渐黄昏，海面波光粼粼，真可谓"此中有真意，欲辨已忘言"。

滨海骑行道 | 033

▲ 蛇口老街

▲ 南水步行街

**蛇口老街**

有人说，了解一座城市的最佳方式，是去逛当地的菜市场。来到老街，当然要逛一逛有烟火气的蛇口市场。

**南水步行街**

始建于 1982 年。这里让人感觉安静而松弛，充满生活气息。

▲ 女娲滨海公园

  骑行 16 公里后，到达防波堤公园。狭长的公园里有椰林、开花乔木、灯塔，还配套了亲水台阶、便民座椅、遮阳廊架。

  骑行 17 公里，来到女娲滨海公园，12 米高的白色女娲补天雕塑出现在眼前。这座地标雕塑，是中国第一个外向型经济开发区的历史见证。毗邻的白色建筑是海上世界文化艺术中心。海上世界与公园隔路相望。从公园骑行到时间广场（太子路 5 号）约 3 分钟。

滨海骑行道 | 035

▲ 海上世界

▲ 海上世界文化艺术中心

▲ 时间广场

女娲滨海公园
以女娲雕像为核心景观,雕像人首蛇身,手举五色巨石。

海上世界
荟萃各国美食,营造国际风情,强调人与山海自然环境的和谐共处。

海上世界文化艺术中心
集展览、演艺、商业等于一体,面海傍山,可举办多种类型的文化活动。

时间广场
"时间就是金钱,效率就是生命。"这句从蛇口诞生的时代口号深入人心,被视为中国走向市场经济的重要标志。

## 女娲滨海公园至欢乐港湾

沿海岸线向西南方向骑行，200米处是深圳湾游艇会，造型各异的游艇与湛蓝的海水相映衬。

继续骑行1.5公里，以"艺术·人文·自然"为主题的"博物馆"式商业体——蛇口太子湾K11购物艺术中心出现在眼前。这里是繁忙的市政路段，需要注意交通安全。

穿过商海路，到达蛇口港——中国最大的转运中心之一。

沿邮轮大道向西北骑行，穿过太子湾大道、嘉海路、汇海路、望海路、港湾大道，1公里左右进入南海大道，左转向西骑行200米进入兴海大道，继续向西北骑行600米，抵达与赤湾六路交叉口。沿赤湾六路向西南行驶，2分钟可达文天祥纪念公园，5分钟可达天后博物馆，10分钟可达赤湾左炮台、林则徐像。

▲ 蛇口港

▲ 文天祥纪念公园

▲ 天后博物馆

★ 目前此段穿越路口较多，须降低速度，注意观察交通信号灯和周边机动车、非机动车、行人的动向，及时应变。必要时可用手势示意转向意图，确保安全。

▲ 赤湾左炮台

▲ 林则徐像

### 蛇口港
位于蛇口太子湾，是从南海进入华南的咽喉要道。年吞吐能力1500万吨，集装箱年通过能力50万标准箱，客流量年通过能力500万人次。距香港新界3.5海里，距澳门、珠海25海里，经珠江水系连接广西；陆路经疏港大道与华南公路干线相接，经港区铁路与京九铁路相接。

### 文天祥纪念公园
位于蛇口南部赤湾山，南临珠江口伶仃洋。

### 天后博物馆
原名赤湾天后宫，坐落于南山脚下赤湾澳口。可远溯至宋，明、清两代多次修葺。明永乐初年，郑和下西洋，天后宫为其重要一站。以天后宫为中心的"赤湾胜概"是明清时期"新安八景"之一。

### 赤湾左炮台
位于蛇口鹰嘴山顶。始建于清康熙年间，原为左、右炮台，从东、西两侧钳制赤湾港，雄视伶仃洋面。现只有左炮台保存完好。

### 林则徐铜像
国内最大的一尊林则徐铜像，高3.2米，重1.8吨，塑于林则徐诞辰200周年的1985年。铜像手持单筒望远镜，身佩长剑，目光炯炯地凝视着波涛滚滚的伶仃洋。

▲ 前海合作区

▲ 月亮湾公园

▲ 荔林公园

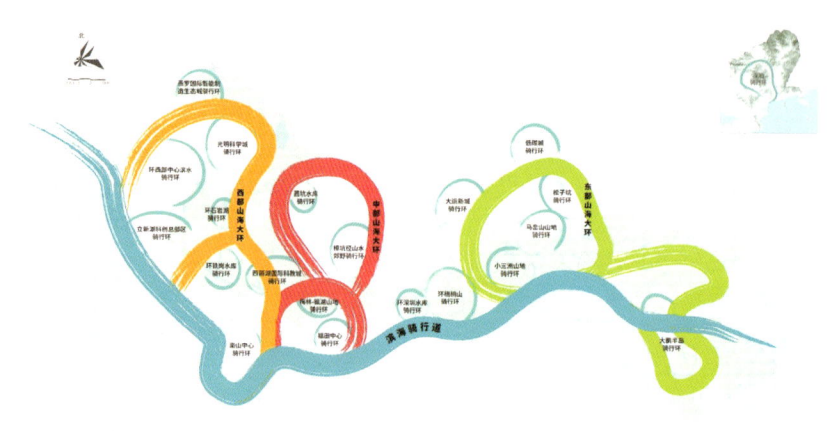

▲ 滨海蓝带骑行道

▲ 南山公园

　　兴海大道将 南山公园 分为大南山和小南山，大南山西侧为 月亮湾公园，北侧为 荔林公园。小南山南侧隔妈湾大道相望的，是 前海合作区 的先期启动区 —— 前海湾保税港区。

　　沿途货车隆隆，电动车和行人穿梭如织，骑行需要高度集中注意力，随时应变。目前规划的 滨海蓝带骑行道 中，此段将由临海的妈湾大道骑行道替代。

前海合作区
西至前海湾，北邻宝安中心区。占地面积约18平方公里，至香港国际机场及深圳宝安国际机场的车程均只需10多分钟。

前海湾保税港区
前海合作区的先期启动区，重点发展现代物流和供应链管理服务业。

月亮湾公园
2000年建成，位于大南山西侧。溪流潺潺，林木葱葱，主要树种为荔枝树，其中百年古树3800余株。

荔林公园
2008年建成，位于大南山北麓。有荔枝树8000余株，大部分为百年古树。

滨海蓝带骑行道
深圳拥有约260公里海岸线，目前正加快打通200公里滨海蓝带骑行道：西起茅洲河河口，东至坝光（鹿嘴），串接连通西部的西湾、前海湾、深圳湾、福田红树林海岸，中部的深圳河等河岸，以及东部的大梅沙、小梅沙、下沙－大澳湾、南澳、东西涌、新大－鹿咀、较场尾等海岸。

南山公园
包括大南山和小南山，以大南山为主体。南面、西南面临海，适宜观海；东面、北面为城市建筑，晨观日出，夕沐落日。小南山有宋少帝陵。

▲ 前海石公园

自兴海大道右转至听海大道，再左转至前湾三路，走走停停间，结束了长约 7 公里的喧嚣市政路段，进入前海石公园。

　　嘈杂声渐息，取而代之的是鸟儿的鸣叫、树叶的婆娑，海风轻拂、海水呢喃。疲惫瞬间被驱散，心情舒缓放松，可以在此尽情享受美妙的海滨风光。

前海石公园

位于前海大道北，是集休闲观光、观鸟亲水于一体的滨海休闲公园。公园引入"海绵城市"雨水花园模块，结合湿地植物和景石，实现蓄、滞、渗功能。

最佳观景时间是傍晚时分，日落与晚霞美得让人心醉，如同诗画变幻：夕阳映照，波光粼粼的海面散发出迷人的光芒，仿佛整个世界都被染成了金色，再过半小时，晚霞将橙红色的光辉洒在海面，时间仿佛凝滞，留下的只有对大自然的敬仰。

公园以其标志性的前海石而闻名。2012 年 12 月 7 日，习近平总书记站在这块巨石前，发出了改革开放再出发的号召。

### 演艺公园

拥有一处非常别致的海边湿地,椰风海韵,是婚纱拍摄绝佳之地。西北侧与欢乐港湾相对,是观赏巨型摩天轮"湾区之光"的最佳位置之一。

### 桂湾公园

位于前海合作区中轴线两岸,全长1.9公里。由东至西分为自然野趣、健身休闲和聚会庆典三个区域。

滨海骑行道 | 043

**宝安区城市空中交通运营示范中心**
2023 年 12 月 26 日成立,是全国首个标准化建设的城市空中交通运营示范中心。

  在如诗如画的美景中缓缓骑行,连呼吸也放得轻柔,生怕惊扰了这份静谧。沿海岸线向东北方向骑行 900 米,恰逢一只拥有"duangduang"大肚子、呆萌可爱的奶龙矗立在"落日草坪"上,模样憨态可掬,有缘相遇,让人莫名开心,忍不住嘴角微微上翘,是演艺公园没错了。东侧是沿桂湾河两岸绵延 1.9 公里的桂湾公园。
  自演艺公园向北骑行,只见一对对新人身着各式婚纱,在镜头前甜蜜依偎,优雅浅笑,造型动人。摄影师捕捉着最浪漫的时刻,将之定格为永恒。
  继续沿海岸向西北骑行 1 公里,右侧转角处护栏围起的圆形空间,一架无人驾驶载人航空器正缓缓升空,这里是宝安区城市空中交通运营示范中心。

▲ 欢乐港湾

**欢乐港湾**

位于宝安中心区南部滨海地带，总占地面积约38万平方米，旨在打造集滨海休闲、文化旅游、艺术体验、生态办公于一体的"国际湾区之心、滨海生活创想地"。

**湾区之光摩天轮**

位于欢乐港湾最东端，总高128米，采用了世界首创的鱼鳍状异形大立架。

▲ 湾区之光摩天轮

## 欢乐港湾至固戍码头

骑至此处，就进入了宝安中心段。新圳河对岸是欢乐港湾，128 米的"湾区之光"摩天轮矗立眼前。

沿欢乐港湾海岸线继续骑行 800 米，将到达深圳滨海艺术中心（湾区之声）。

▲ 深圳滨海艺术中心（湾区之声）

### 深圳滨海艺术中心（湾区之声）
位于前海湾畔欢乐港湾，2021 年 9 月启用。深圳市综合设施设备标准最高的演艺场馆，可承接世界级艺术团体演出。

### 新圳河
发源于留仙洞以西，由东北向西南蜿蜒而行，沿新安一路南侧汇入珠江。全长约 6.9 公里，流域面积约 15.4 平方公里。环境优美，是市民休闲和垂钓的好去处。

继续骑行 200 米，在宝兴路口左转，是造型独特的滨海廊桥。廊桥南起滨海文化公园，东连宝安图书馆、深圳湾区书城（湾区之眼，在建），北至宝安体育场。廊桥入口是深圳首个沉浸式户外数字媒体剧场。

▲ 滨海廊桥

### 滨海廊桥
全国首个集地下、地上、空中三位一体的慢行系统。以通达功能为主，兼顾市民休闲、运动、观景。

### 滨海文化公园
总占地面积约 168 万平方米。分为三期建设，一期即欢乐港湾；二期规划海岸湿地公园和国际文化艺术中心；三期规划海港乐活公园。

### 数字媒体剧场
以螺旋楼梯连通桥面与桥下公共休憩空间，建设沉浸式户外数字媒体公共剧场。

### 湾区之眼（在建）
寓意湾区文化发展的着眼之处、点睛之笔。打造集知识成长、文化发布、艺文展演、科创展示为一体的复合式多元文化交流平台。

▲ 数字媒体剧场

**宝安图书馆**
设有24小时自助借还书机、近2000平方米的电子阅览室和视听室。2023年12月被文化和旅游部评定为一级图书馆。

**宝安体育场**
2011年第26届世界大学生运动会竞技体操和艺术体操项目的举办场地。

▲ 西湾—前海湾慢行道公共空间

　　继续向西南骑行 400 米，右转进入广深沿江高速桥下的西湾—前海湾慢行道公共空间。心情瞬间激动，这样的骑行环境实在是骑行者的福音：可遮阳，可避雨，景观独特，安全系数高，和行人各行其道。

　　带着新奇、安全、舒适、开心的心情骑过 6 公里的桥下空间后，右转向北骑行 800米，翻过金湾大道天桥，到达西湾红树林公园，可在终点固戍码头瞻仰郑毓秀像。

西湾—前海湾慢行道公共空间
高效利用高架桥下空间，连接西湾和前海湾。总长约 6 公里，沿途设有儿童游乐区、健身区和休闲区。

西湾红树林公园
位于金湾大道与西海堤交会处。突出岭南风格和滨海元素，以"多彩西湾，活力生活"为主题，以走近红树林为特色，集休闲、游憩、科普于一体。

▲ 西湾红树林公园

**固戌码头**

清朝至民国年间的老码头旧址。

**郑毓秀像**

出生于广州府新安县西乡屋下村（今深圳市宝安区西乡街道乐群村）。中国近代史上第一位女性博士，第一位女性律师，第一位省级女性政务官，第一位地方法院女性院长与审检两厅厅长。

黄立平—摄影

# 东部海滨山林骑行道

Eastern Seaside Mountain Forest Cycling Track

## 骑行指南

**路线情况**

长 35 公里，宽 1.5 米—4 米。海拔范围-5.2 米—192.8 米，累计上升 393 米，累计下降 394 米，坡度范围-18%—17%，爬坡里程 11.1 公里。沥青路、砖铺路、石板路，路面平坦，海滨路段转弯平缓，山林路段有陡坡连续急转弯。骑行道单独设计，部分路段与行人混行

**推荐入口**

海景二路中英街古塔公园、盐田海鲜街、大梅沙、小梅沙、揹仔角、洞背新庄、巨石岩画广场

**推荐停车**

壹海城停车场、盐田海鲜街停车场、大梅沙海滨公园月亮广场停车场

**配套设施**

驿站、饮水点、洗手间、长凳、遮阳凉亭、自助售卖机

**开放时间**：海滨段全天；山林段 8:00—18:00

**适合人群**：海滨段普适；山林段需身体状况良好，具备一定骑行经验

**适合车型**：所有车型

## 分段及景点

**古塔公园至盐田海鲜街段**：8.2 公里

**景点**：中英街、灯塔图书馆、盐田中央公园、远眺盐田港

**盐田海鲜街至揹仔角段**：10.0 公里

**景点**：东港观景平台、观岩海角平台、天长地久大梅沙海滨公园、小梅沙公园、揹仔角

**揹仔角至大梅沙海滨公园段**：16.8 公里

**景点**：二线关洞背段旧址、庚子首义旧址、巨石岩画广场

**骑行评价**

推荐指数 ★★★★☆

观赏指数 ★★★★☆

难易指数 ★★★★☆

滨海骑行道 | 053

**雷达指数**

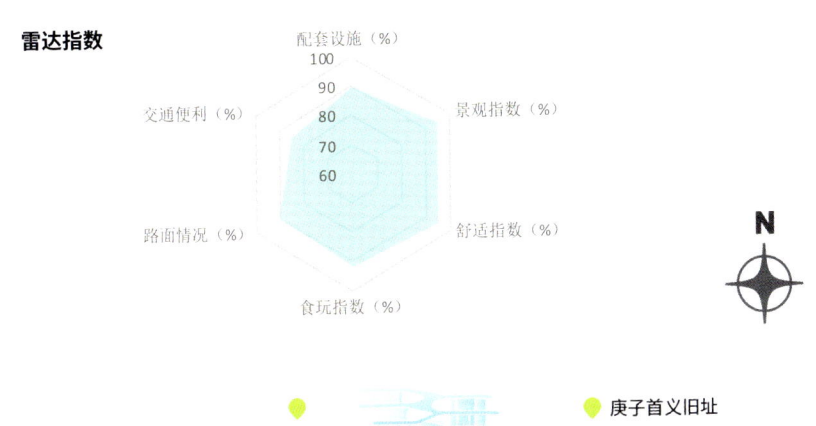

- 配套设施（%）
- 景观指数（%）
- 舒适指数（%）
- 食玩指数（%）
- 路面情况（%）
- 交通便利（%）

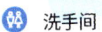

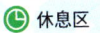

N

云海高地
庚子首义旧址
巨石岩画广场
小梅沙
大梅沙海滨公园
终点
听海图书馆
观海图书馆
云桥
大梅沙海滨公园
望海图书馆
盐田海鲜街
揹仔角灯塔
大梅沙驿站
烟墩山国际友好公园
明珠公园
盐田港集团
灯塔图书馆

起终点　洗手间　休息区　停车场

## 骑记

骑行道西起中英街古塔公园，途经海景公园、盐田港、海鲜街、大梅沙公园、小梅沙公园，东至揹仔角，骑经洞背村后，返回大梅沙。古塔公园至洞背村口段与**盐田海滨栈道**伴行。

起点是"一街二制"百年人文古迹，沿途是蓝天碧海和山林风光。天高云淡，微风不燥，浪花海鸟，心旷神怡，让人想与大自然拥抱。

滨海骑行道 | 055

**盐田海滨栈道**

全长约19.5公里。沿途风光秀美、人文景观丰富,备受游客青睐。

## 古塔公园至盐田海鲜街

在海景二路古塔公园开启东部海滨山林骑行之旅。若有兴趣，可先去20世纪即闻名遐迩的中英街打卡。

从古塔公园出发，骑行300米，转入长约2公里的海景路，路面宽阔，绿树成荫。海风花香怡人，远山海景如画，烦恼被抛之脑后，心情豁然开朗。此处距离宪法公园约800米。

▲ 古塔公园

中英街仿古塔
建于2004年，仿宋代楼阁式建筑，6角7层高44.8米，青石灰瓦，红木点缀，古朴典雅。

中英街界碑
1898年，中英签署《展拓香港界址专条》，翌年3月完成勘界，从此沙头角一分为二。现存8块界

▲ 中英街仿古塔（中英街供图）　　▲ 中英街界碑（中英街供图）

▲ 宪法公园

碑，被列为"全国重点文物保护单位"。界碑是英殖民主义者侵略和瓜分中国领土的历史见证，是中英街近现代史爱国主义教育的重要资源。

宪法公园
2018年12月4日，第五个国家宪法日，原"东和法治文化公园"更名为"深圳宪法公园"。

▲ 盐田中央公园

"书籍是屹立在时间的汪洋大海中的灯塔。"骑行 1 公里来到盐田中央公园,2016 年,"明斯克航母"远迁,灯塔图书馆应运而生,这是最靠近海的图书馆。穿过中央公园,骑行约 1.5 公里可达海山公园。

从中央公园骑行 150 米,右侧海边有一大石,上刻"日出沙头,月悬海角",相传沙头角因此得名。

沿海景路骑行,可看到整齐摆放的集装箱和进出盐田港的货船。

▶ 灯塔图书馆

滨海骑行道 | 059

**盐田中央公园** 紧邻海滨栈道，背靠梧桐山。园内约10米高的巨型雕塑大章鱼 Kraken，由风靡全球的大黄鸭设计者弗洛伦泰因·霍夫曼设计。

**灯塔图书馆** 外观融合集装箱轮船与灯塔概念设计建造。清晨或黄昏，太阳接近海平面时，日光交织着海色落在书桌和书籍上，诱惑你和海风一起去探索。

**海山公园** 主要景点海山艺术塔，由中心塔、枯藤攀月、爬山廊、波浪形座凳和七彩金龙构成。整个建筑群的面饰由彩瓷、玻璃和金属片拼成一千多种花形图案。

**盐田港** 位于深圳东部大鹏湾北岸，是全球大型单体集装箱码头之一。20万吨级船舶可全天候双向通航。

▲ 盐田港

▲ 盐田河

骑行 2 公里来到海景路尽头，左转骑经 3.8 公里处的盐田港集团总部、6 公里处的**明珠公园**、7 公里处的**盐田河**及**春天海公园**。

▲ 春天海公园

**明珠公园**
巧妙利用明珠大道与惠深沿海高速立交桥下的空间设计而成。

**盐田河**
全长约 6.4 公里，汇入大鹏湾海域。河水清澈，垂柳依依，栈道古朴。

**春天海公园**
内有春天海图书馆及童话专题馆，以蓝色书籍为外观造型。

▲ 盐田海鲜街

### 盐田海鲜街
凭窗远眺，面海听涛，傍晚更是霓虹闪烁、人声鼎沸、车水马龙。

### 金色海岸码头
设有深圳东部最美海上航线——"深港环海游"。

### 烟墩山国际友好公园
以国际友好为主题，分为"生态友好""国际友好""和平友好"三个区域。这里是适合鸟类生息繁衍的天然港湾。

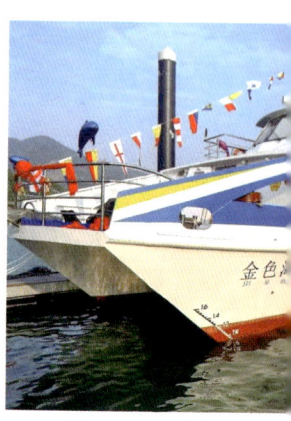

▲ 金色海岸码头

滨海骑行道 | 063

▲ 盐田海鲜街

　　骑行7.8公里，来到渔民暂避风浪和停泊休憩的避风塘，右边是树木葱茏的烟墩山国际友好公园。
　　骑行300米就是远近闻名的盐田海鲜街。享用完美食后，可到海鲜街对面的金色海岸码头出海观光。

▲ 烟墩山国际友好公园

## 盐田海鲜街至揹仔角段

沿海鲜街前行 300 米，进入 海滨栈道 后连续爬坡，随着高度的上升，视野逐步开阔，耳边犹如响起了歌声"沧海一声笑，滔滔两岸潮"。爬坡路段长约 3 公里，爬升高度 34 米，对于不常骑行的人来说，可能会心率加快、呼吸急促。

半山休闲广场适时出现，设有休憩廊架及长凳。开开心心坐下休息补给，静静欣赏"青山苍翠映云天，碧叶红花入眼帘，栈道弯弯游客醉，清香缕缕润心田"的美景吧。

休息完继续骑行 400 米，爬升 6 米，来到 东港观景平台，有直饮水、木质长凳。俯瞰浪花礁石，极目海天交接。再骑行 200 米是大梅沙驿站，有粤海自然教育中心，"行走山海，悦读自然"。

▲ 东港观景平台

▲ 海滨栈道

▲ 愿望塔

滨海骑行道 | 067

  骑行圈有一句大家又爱又恨的话——"拐个弯，就到了"，这原本是老鸟对新手的一句鼓励，逐渐演变成骑行者之间的互相打趣。过了自然教育中心，转个弯就一路向下，把稳车头，控制车速，乘着凉爽的海风，伴着细软的沙滩、嬉戏的人群、飞驰的快艇，来到12.5公里处，海水中两块巨石状若情侣亲吻，这就是"天长地久石"，悬挂着红色祈福带的许愿树也出现在眼前。

  再骑行500米，来到大梅沙海滨公园，园内有81米高的愿望塔，此处距大梅沙8号仓约650米。

▲ 天长地久石

▲ 大梅沙海滨公园

天长地久石
朝陆地一面刻着"天长地久"，朝大海一面刻着"海誓山盟"，礁石如情侣亲吻。

许愿树
树冠上悬挂着数千根祈福带，满载着祝福和心愿。

大梅沙海滨公园
海水清澈，沙滩广阔，沙质细软，被称为"黄金海岸"。

愿望塔
国内第一座海边钢结构旅游观光塔，游客可以在此以电子许愿的形式发出祝福。

大梅沙8号仓
位于大梅沙愿望湖湖心岛，是华南地区首家奥特莱斯购物村。

▲ 大梅沙8号仓

▲ 听海图书馆

#### 听海图书馆
360°环绕式玻璃建筑，无人值守的智慧图书馆，营造出"抬头观山海，俯首漫书海"的阅读场景。

#### 大梅沙国际水上运动中心
国家水上运动中心训练基地，举办过世界级、亚洲级和全国性的水上运动比赛。

滨海骑行道 | 069

　　山海浪漫，人间烟火。从大梅沙海滨公园向前骑行 400 米是大梅沙美食街，再骑行 500 米是**听海图书馆**。喜欢探险的话，可以去**东部华侨城**大峡谷，骑行 6 分钟可达。

　　沿盐梅路骑行到 13.5 公里处，途经**大梅沙国际水上运动中心**，可以体验帆板、皮划艇、潜水等水上运动。该中心与**梅沙湾公园**隔盐梅路相望。

▲ 东部华侨城

▲ 梅沙湾公园

**东部华侨城**
国内首个集休闲度假、观光旅游、户外运动、科普教育、生态探险等主题于一体的大型综合性"国家生态旅游示范区"。

**梅沙湾公园**
集景观和游憩功能于一体的特色城市休闲公园。

▲ 小梅沙

▶ 观海图书馆

15.2 公里处，观海图书馆矗立于山海之间。

距观海图书馆 800 米处，曾是抗日战争时期建设的小梅沙税站。

骑过观海图书馆，下行 800 米，就可以到达有"东方夏威夷"之称的小梅沙。

小梅沙
洁白沙滩，蔚蓝海水，小梅沙犹如一弯新月镶嵌在苍山碧海之间。

小梅沙税站
1941—1945 年，小梅沙税站承担了为广东人民抗日游击队（东江纵队前身）筹措经费的重要使命。这是中国近代史上抵抗外来侵略斗争的重要印记之一。

观海图书馆
以"讲好党史故事，传承红色基因"为理念，追忆红色岁月，永葆赤诚初心。

**望海图书馆**
提供运动、旅游、航运及港口文化等方面的专题资料。顶层是视野开阔的望海观景台。

## 揹仔角至大梅沙海滨公园段

过小梅沙，转过一弧形弯道，进入揹仔角绿道。继续骑行约 2.2 公里，爬升 38 米，绿意盎然的画卷中出现一座黄蓝相间、造型活泼的集装箱式建筑——望海图书馆。前方向海不远处，是小梅沙海湾的最东端，矗立着揹仔角灯塔。

傲世独立的灯塔，岁月沧桑的礁石，明澈如镜的海水，有节奏的海浪缓缓地涌上、退回，似静谧的梦境，又如母亲的摇篮，让人无比安心。恍若时光静止，不经意间，收获内心的宁静。

从"摇篮梦境"返回绿道，开始下坡，海风轻柔，吹乱发丝。伴着绿叶和风呼应的"沙沙"声，轻握刹车，沿深葵路继续向前 1.5 公里，下降海拔 36 米，可见一座白色螺旋形楼梯盘向山腰。沿楼梯用力蹬上观海平台，可以去白色云桥一显身手，力所不逮的话也可推车而上。顺着云桥从郁郁葱葱的林间穿过，下坡又回到海边，进入依山傍海的揹仔角至玫瑰海岸绿道。

▲ 揹仔角灯塔

滨海骑行道 | 073

云桥（黄立平—摄影）
总长516米，标准段跨径10米，桥面宽度2.5米。采用引桥延长的方式建立梯步观景平台。

▲ 揹仔角至玫瑰海岸绿道（黄立平—摄影）

▲ 溪涌度假村

滨海骑行道 | 075

▲ 玫瑰海岸

　　揹仔角至**玫瑰海岸**绿道是环大鹏湾海岸绿道中的精华，与深葵公路相伴相随，或在其侧，或悬浮其上，宛若一条飘带，蜿蜒在海岸线上。抬头蓝天白云，左右青山大海，相较大梅沙海滨栈道的"亲海"，此路段更适合"观海"，称之为空中观海骑行长廊，实至名归。

　　骑行 2.1 公里，即可到达**溪涌度假村**。

溪涌度假村
创办于 1982 年，旨在打造立足于"服务职工、服务工运、服务社会"的海滨旅游度假基地。

玫瑰海岸
位于大鹏湾畔，设有海边婚礼教堂、仿希腊地中海风格 1:1 建造的特色建筑等实景。

▲ 深圳经济特区管理线 　　▲ 洞背新庄牌楼

▲ 半山公园带绿道

### 深圳经济特区管理线
深圳经济特区成立初期，为便于管理，从 1982 年 6 月开始在特区和非特区之间修建"特区管理线"，东起梅沙揹仔角，西至南头安乐，全长 84.6 公里。

### 半山公园带绿道
在原有公园绿道和登山环道基础上改造而成，主线长度约 40 公里，支线长度约 29 公里。沿途景点多数面朝大海，形成山海相映的独特景观。

悬浮路段骑至尽头，海滨骑行结束。于洞背新庄牌楼处左转，进入溪坪路，开启坡陡弯多的山林之旅，要考验骑行者的体力和技术了。

　　开始是800米左右的慢上坡，上坡后右手边有洗手间，可稍事休息。再向西南骑行约400米，右转过洞背桥后马上左转，映入眼帘的是一幅极具历史感的画面，仿佛穿越了时空：由东向西是一条有轻微坡度、两侧均设铁丝网的斑驳水泥路，右侧铁丝网高达2.8米，这是"深圳经济特区管理线"的历史见证。新发现感觉像开盲盒，后续骑行还会有什么惊奇呢？

　　骑行约600米右转，有指引牌：此处是三洲田洞背入口，同时也是半山公园带绿道洞背入口，开放时间8:00—18:00。斑驳的水泥路在此终止，前方变成了新修的黑色沥青路，对比鲜明。

三洲田
名字来源于佛教经典，取"东胜身洲、西牛货洲、南赡部洲"之意。位于盐田区北部高山中，群山环绕，山青水碧、鸟鸣谷幽。近在都市边缘，远如世外桃源。

继续向前骑行约 300 米，道路左侧观景平台处有具象化的"二线关"，展示了"欢迎进入深圳经济特区"《中华人民共和国边境管理区通行证》""边境检查岗亭"模型。

再向前 200 米转弯处，是"远眺盐田港、近观小梅沙"的观景平台。

二线关
原通过特区管理线进出深圳的关口。

滨海骑行道 | 079

▲ 绿色长廊

  继续前行,骑入山林间绿色长廊,又是一个清幽的世界。两旁的树木郁郁葱葱,空气中弥漫着树木花草的清新和泥土的芬芳,只听得到车轮压过地面的沙沙声和鸟儿的鸣叫,偶有溪水潺潺。

  此路段坡陡弯多,建议再次检查车辆,确保车身各部位稳固,刹车系统灵敏好用。

马峦山
集山、水、湖、海、村落、田野于一体,以古村落和瀑布群闻名。其古村落大多建于明清时期。

滨海骑行道

▲ 马峦山瀑布　　　　　　　▲ 庚子首义旧址

马峦山瀑布群
五级瀑布依次排列在碧岭溪谷之中，尤以龙潭瀑布群和马峦瀑布最为壮观，落差可达50米。

庚子首义旧址
主要由罗氏大屋及附近的强华学校组成，占地面积约1144平方米。该旧址见证了孙中山领导的武装起义打响资产阶级民主革命的第一枪。此地也曾是东江纵队临时司令部，是广东人民反抗帝国主义侵略的中心所在。

三洲田森林公园梅亭
位于马峦山郊野公园光背村附近，坐落于千亩万株梅花园。

▲ 三洲田森林公园梅亭

　　一路行来，五彩斑斓的野花点缀在绿草之间，随风摇曳，仿佛在招手致意。高大的树木挺拔而立，枝叶繁茂，像是一把把绿色的大伞遮挡着阳光。林间的小动物们在树枝间跳跃穿梭，在草丛中觅食嬉戏。

　　感受着大自然的蓬勃生机和无尽魅力，虽多有爬坡路段，需奋力蹬踏，起身摇车，但并未感觉呼吸急促、肌肉紧绷。这大概与置身天然氧吧及心情舒畅有关吧！

　　不觉间已骑行至29公里处，有水泥路面岔路口，向右侧东北方向延伸可通往被称为"山路十八弯"的马峦山。距此约1.7公里可达三洲田森林公园梅亭，若继续向东北骑行约2公里，可达庚子首义旧址。

▲ 大侠谷

## 云海高地

地处海拔380米的半山平台，直面大鹏湾，其上的云海森林服务站设计独特，宛如"白色邮轮"停靠在山海之间。服务站二楼有玻璃眺望台，可近观群山起伏，远眺港口全貌。

滨海骑行道 | 085

▲ 云海高地

    继续向南，多为下坡路段。调整好坐姿，身体向后坐使重心后移，增加后轮抓地力的同时降低身体重心，利用点刹控制车速。风在耳边呼啸，注意力须高度集中，专注会带来沉浸感。1.4 公里的距离，下降海拔 173 米。

    沿左侧闲云路向南 400 米，骑过梅沙湾公园，右转向西 800 米到达**大侠谷**入口巨石岩画广场。若向西北 5.4 公里，可达拥有 360°一览山、海、城独特视景的**云海高地**。

    继续向南 400 米到达环梅路，右转朝西南方向再骑行 1.6 公里，返回大梅沙。

    骑行中，享受了海滨和山林之景，既有平缓路段，也在崎岖路段中挑战了四星骑行难度。愉悦、拼搏、不舍、回味，像极了幸福充实的人生。

**大侠谷**
又名"大峡谷"，位于东部华侨城，可俯瞰东部黄金海岸线。此处集山地郊野公园和都市主题公园于一体，包括水公园、海菲德小镇、峡湾森林、生态峡谷、云海高地等主题区。

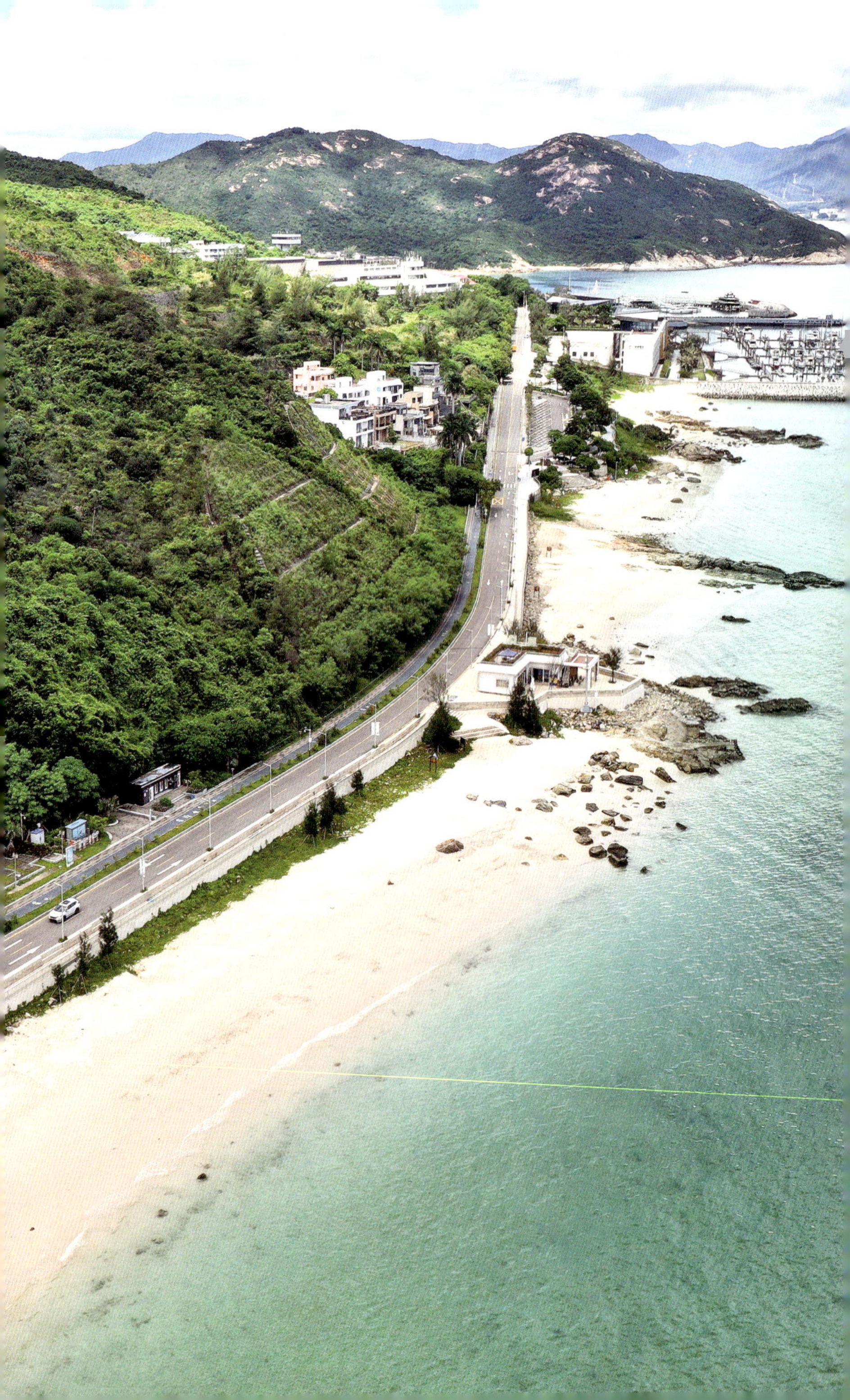

新东路绿道

Xindong Road
Greenway

## 骑行指南

**路线情况**
长度 8.2 公里，宽度 3 米—6 米，海拔范围-5 米—34 米，累计爬升 42 米。 水泥路、沥青路，骑行道单独设计，部分路段与行人混行

**推荐入口**
乌泥桥（新东路与新大路交会处）、鹿嘴山庄

**推荐停车**
新大路停车场、新大地面停车场、杨梅坑 P2 停车场

**配套设施**
饮水点、洗手间、长凳、遮阳凉亭、自助售卖机、网络音频求助报警终端

**开放时间**：06：00—18：00
**适合人群**：普适
**适合车型**：所有车型

## 分段及景点

**乌泥桥至桔钓沙段**：4.9 公里
**景点**：禾塘湿地公园、鹿咀自然课堂步道、东山珍珠岛、七星湾游艇会、桔钓沙

**桔钓沙至鹿嘴山庄段**：3.3 公里
**景点**：新体育海洋运动中心、大鹏游艇会、浪骑游艇会、杨梅坑

**骑行评价**
推荐指数 ★★★★☆
观赏指数 ★★★★☆
难易指数 ★★☆☆☆

**雷达指数**

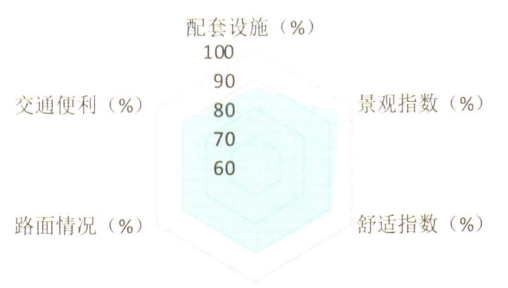

起点 乌泥桥

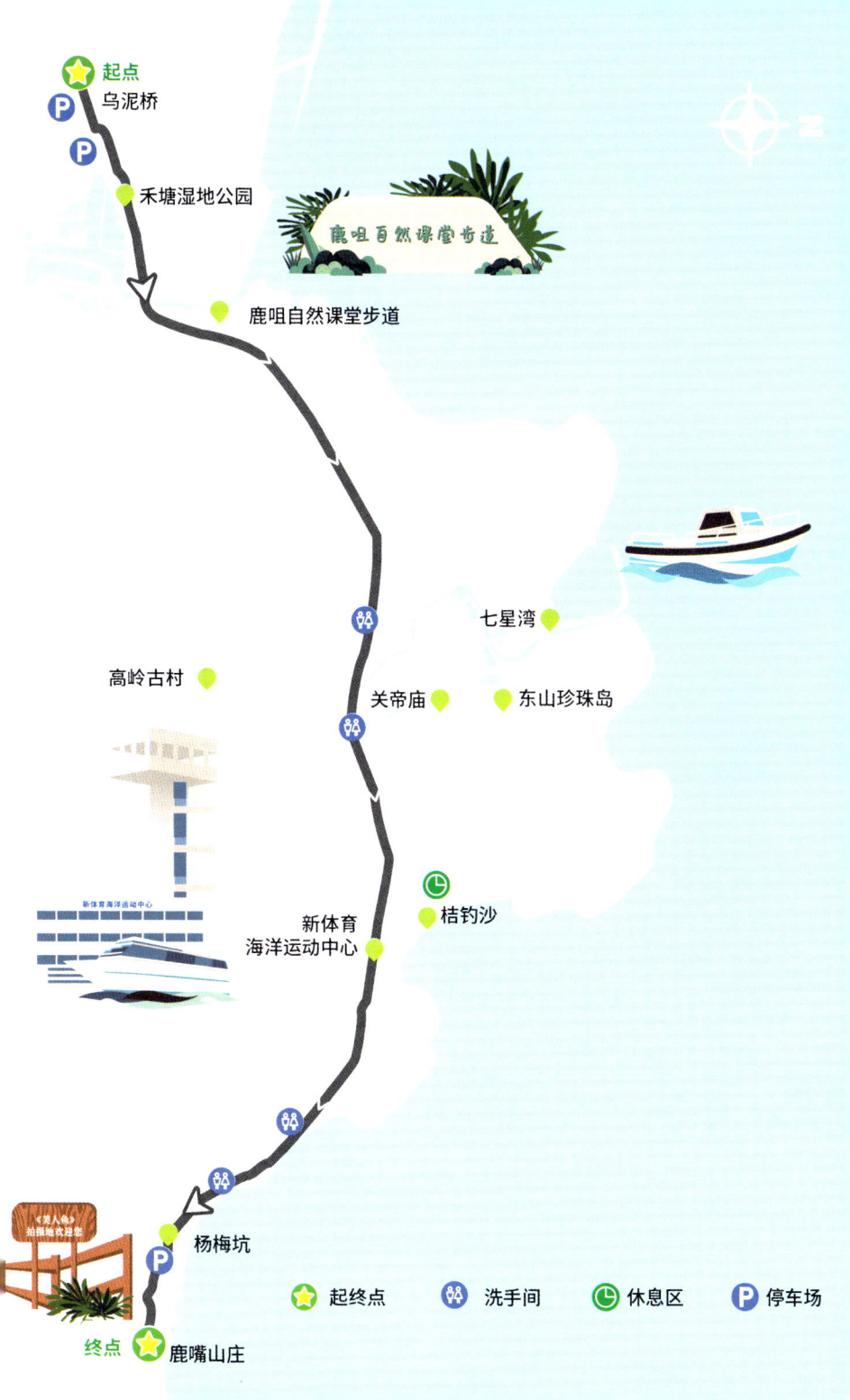

禾塘湿地公园

鹿咀自然课堂步道

鹿咀自然课堂步道

七星湾

高岭古村

关帝庙

东山珍珠岛

新体育海洋运动中心

桔钓沙

新体育海洋运动中心

杨梅坑

终点 鹿嘴山庄

起终点　洗手间　休息区　停车场

▲ 七娘山

### 七娘山
形成于一亿多年前的古火山喷发，占地约50.9平方公里，海拔869米。三面环海，山高谷深，溪涧蜿蜒，有多处瀑布。古林浓荫如盖，空气清新宜人，山风吹过，林涛阵阵。七娘山雨量充沛，云雾易成，最为壮观的莫过于在东南风吹拂下，从海面来的水汽爬坡而上，遇冷变为云雾，越过山脊后顺势飞泻，形成瀑布云奇观。

### 大亚湾
海域面积达1300平方公里，黄金海岸线长约63.1公里。海水清澈干净，沙滩绵延曲折，沙质柔软细腻，近海有呈弯月状分布的近百个岛屿，被誉为"海上小桂林"。

### 大鹏半岛国家地质公园
园区面积约46.1平方公里，地形地貌类型丰富，可划分为海底、滨海沙滩、潟湖平原、冲积台地、丘陵和低山区。建有主峰和鹿雁两条古火山地质遗迹科考线路。

## 骑记

新东路绿道在七娘山脉边缘，位于大鹏半岛国家地质公园内，靠近大亚湾，全长 8.2 公里。沿途海天一色，可以观赏大甲岛、鹿嘴海景、七娘山等多处自然风光，品尝地道美食。

▲ 大亚湾

▲ 大鹏半岛国家地质公园

▲ 禾塘湿地公园

▶ 鹿咀自然课堂步道

## 乌泥桥至桔钓沙段

从乌泥桥出发,沿南澳新东路向东骑行 1.3 公里到达路口,右边是禾塘湿地公园,继续往左前方骑行 400 米就到了鹿咀自然课堂步道,在这里可以认识大鹏半岛的 1600 多种动植物,如单叶蔓荆、桃金娘、梅叶冬青、余甘子、吊钟花等。

继续骑行至约 3.9 公里处,"迎接第一缕阳光的山海廊道"跃然眼前。

禾塘湿地公园
生长着近 2 万平方米的红树,是深圳唯一可和红树零距离接触的公园。

鹿咀自然课堂步道
新东路绿道范围内有 1600 余种自然物种。作为深圳第一条自然课堂步道,这里随处可见自然研习导赏标识牌。手机扫码,沿途的自然风光、人文景观、动植物种类、地形地貌等知识均会呈现。

滨海骑行道 | 093

▲ 迎接第一缕阳光的山海廊道

▲ 单叶蔓荆　　　　　▲ 梅叶冬青

▲ 余甘子　　　　　▲ 吊钟花　　　　　▲ 桃金娘

单叶蔓荆　大鹏半岛沙滩上的一种优势植物，匍匐在地面生长。茎干呈四方形，全身密布白色柔毛，全株都有特殊的香气，开蓝紫色唇形的花。

桃金娘　开花灌木，花期4—5月，初秋果熟。

梅叶冬青　落叶灌木。因枝干上生有白色的皮孔，像旧时的秤星，又有别名"秤星树"。挂果像缩小版的酒杯，生津止渴，回味甘甜，可酿酒。

余甘子　树形优美，果实绿白通透。但人类并不是余甘子理想的服务对象，它们更盼望被飞鸟吃进肚里，飞向远方。

吊钟花　杜鹃花科吊钟花属。其花朵下垂，细柔的花梗悬挂朵朵小花，如钟一样。

▲ 七星湾游艇会

### 七星湾游艇会
海域面积约9万平方米,陆地面积约22万平方米。集游艇码头、船艇贸易、酒店、户外运动、海上观光、培训等功能于一体。

### 高岭古村
位于七娘山北侧东凤岭的岭背山上,是大鹏半岛风貌保存最完好的客家村落。

### 东山珍珠岛
位于大鹏半岛东部海滨,占地面积约8万平方米,养殖海域约1.7平方千米,是养殖海水珍珠的天然良港,出产的珍珠颗粒大、圆度好、瑕疵少、光洁度高、质地细密、色泽均匀。

### 桔钓沙
拥有深圳沙粒最细的海滩,沙滩呈月牙状,长约1000米,宽约50米,沙粒白,当地人称为"银滩"。海滩边的大树——木麻黄遮天蔽日。海水澄澈,颜色分明,岸边为白色,离岸约50米处变为淡蓝色,再远些变为深蓝色,远望湛蓝一片。

滨海骑行道 | 095

　　海风微咸，前行到 4.2 公里处，可见通往附近景点的指示牌，前往高岭古村、东山珍珠岛和七星湾游艇会均为 1 公里左右的路程。

　　再往前骑行 600 米，就到了桔钓沙。

▲ 高岭古村

▲ 东山珍珠岛

▲ 桔钓沙

▲ 杨梅坑

## 桔钓沙至鹿嘴山庄段

从桔钓沙出发，骑行到 5.2 公里处，是新体育海洋运动中心。再往前 800 米是浪骑游艇会，可在海岸星空吧烧烤畅饮，在海港书吧品茗。

从浪骑游艇会开始，进入彩虹路段，道路两旁石墩披着各色"彩裳"，沿海一侧的栏杆上标着音符，像风中飘向海的诗歌。

骑完 1 公里的彩虹路，再往前骑行 500 米，就是有深圳最美溪谷之称的杨梅坑。

杨梅坑礁石多，并不适合游泳，却因为石与海的搭配——"海枯石烂心不变"，成了婚纱拍摄的优选场景，寓意着"爱侣柔情细语，相印碧海蓝天"。

▲ 新体育海洋运动中心

▲ 浪骑游艇会

**新体育海洋运动中心**
原深圳市海上运动基地，分为海洋运动中心、海洋培训中心、大鹏游艇会三个板块。第 26 届世界大学生运动会帆船帆板比赛和中国杯帆船赛场地。

**浪骑游艇会**
国家体育总局"国家水上运动训练基地"。成立于 1998 年 5 月，是国内最早的会员制海上游艇俱乐部。码头面积约 11.9 万平方米，拥有 275 个游艇泊位。

**杨梅坑**
由正尾坑和大坑湖汇合而成，因山丘长满杨梅树而得名。清潭连连，林木茂盛，鸟雀争鸣。

## 大鹏凉帽

客家凉帽,古称"凉笠"。相传当年苏东坡被贬惠州,为免日晒之苦,请人特制"中开一空(孔)"的竹笠,雅称"苏公笠"。

## 南澳海胆粽

深圳市市级非物质文化遗产。南澳有端午节吃海胆粽、赛海上龙舟的风俗。南澳海域水质好,海胆甘甜鲜嫩,用海胆和虾米、瑶柱、炒香的花生碎包粽子,成就一道经典美味。

## 大鹏濑粉仔

将调好的米粉浆盛入椰壳,以手摇动,米粉浆从椰壳孔中流出的技艺被称为"濑",以此制作的米粉被称为"濑粉仔"。

## 窑鸡

将生蒜、红葱头等塞进鸡肚内,用调制好的作料在鸡身上涂抹均匀,包上锡纸,待窑上的泥块烧红,再放进窑内烘烤至熟。窑鸡金黄酥嫩,香气扑鼻。

继续骑行 700 米，就到达了终点 —— 鹿嘴山庄。骑行的终点是美好生活的另一起点，这里汇聚了特产商店、海鲜餐厅和特色民宿。买一顶大鹏凉帽，坐在海边，尝尝南澳海胆粽、窑鸡、大鹏濑粉仔，舒心和畅快难以言表！

鹿嘴山庄
以原始生态、山海情怀、蜜月天堂和运动海岸而闻名。电影《美人鱼》的主要取景地之一。

山海漫步

# 海贝湾—畲吓湾绿道

**Haibei Bay - Shexia Bay Greenway**

## 骑行指南

**路线情况**
长度 3.5 公里，宽度 2 米—6 米，水泥路、沥青路、砖铺路，骑行道单独设计，部分路段与行人混行

**推荐入口**
海滨北路（南澳第一沙滩）

**推荐停车**
南澳第一沙滩停车场、南澳鑫海度假村停车场、南澳街道海港路停车场

**配套设施**
长凳、洗手间、遮阳凉亭

**开放时间：** 07：00—18：00

**适合人群：** 普适

**适合车型：** 所有车型

## 分段及景点

**南澳第一沙滩至畬吓湾：** 3.5 公里

**景点：** 南澳第一沙滩、街心公园观景台、海贝湾沙滩、南澳月亮湾广场、双拥码头

**骑行评价**

推荐指数 ★★★★☆

观赏指数 ★★★★☆

难易指数 ★★☆☆☆

**雷达指数**

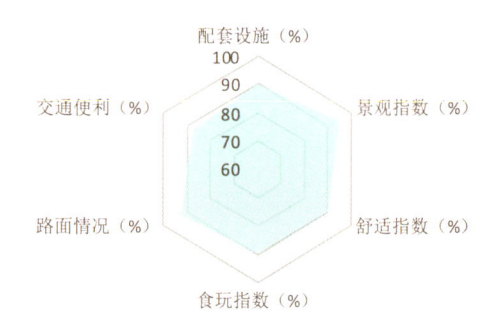

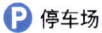

南澳第一沙滩 ⭐ 起点

海贝湾沙滩

月亮湾广场

双拥码头

枫浪山郊野公园

畲吓湾 ⭐ 终点

⭐ 起终点　👓 洗手间　🕐 休息区　🅿 停车场

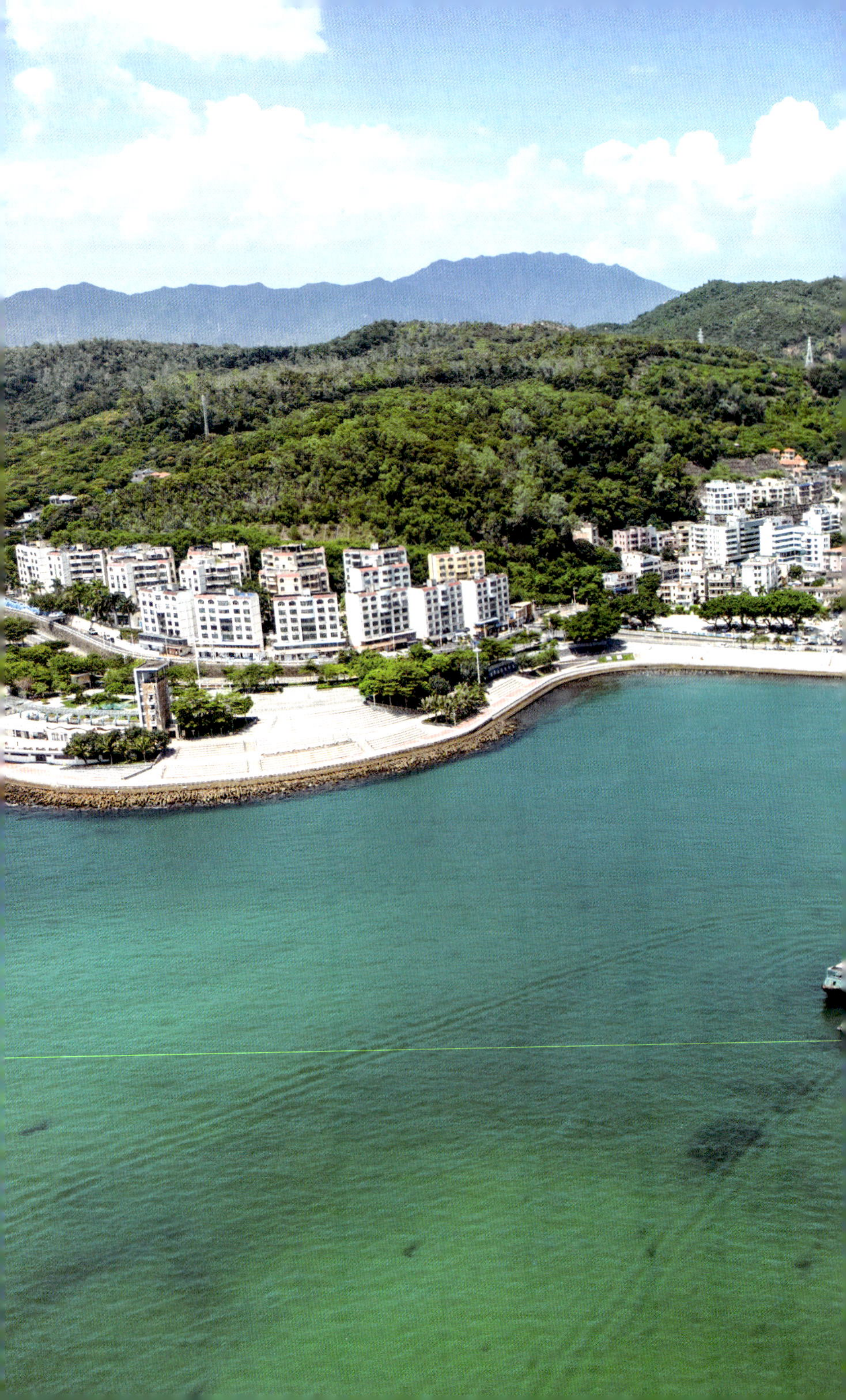

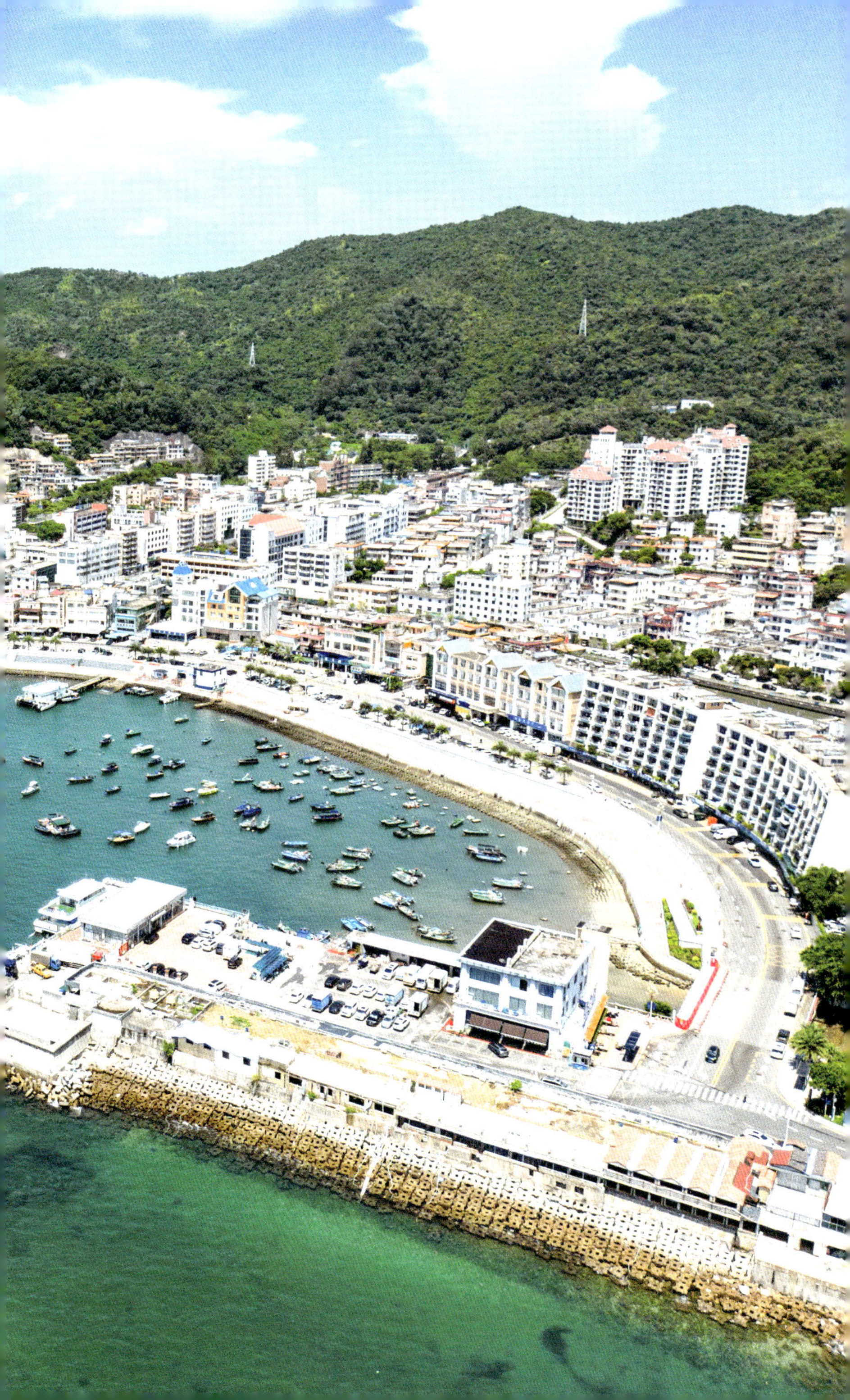

## 骑记

沿大鹏湾一路南行的海贝湾—畲吓湾绿道，连接南澳中心区和众多滨海景点。这里的椰林沙滩堪比马尔代夫，不容错过。

绿道的起点是南澳第一沙滩，有明显的"山海连城"深圳绿道标志。绿道右边建筑外墙用海洋色调喷绘。

沿海滨北路向南骑行约 200 米缓坡，顺着观海石碑指引的方向，海景如巨幅画卷般映入眼帘。

▲ 大鹏湾

滨海骑行道 | 107

▲ 南澳第一沙滩

▲ 山海连城

### 山海连城

挖掘自然生态基底，通山、达海、贯城、串趣，构建"一脊、一带、二十廊"的生态骨架，实现"连生态、连生活、连生趣"的山海连城格局，助力建设更生态、更宜居、更美丽的深圳，打造人与自然和谐共生的全球城市典范。

### 大鹏湾

深圳大鹏半岛和香港九龙半岛之间的海湾，总面积约335平方公里。其西面和南面分别为香港的吉澳和西贡半岛，北面和东面则被深圳的盐田、大鹏和南澳所包围。

▲ 海贝湾沙滩

海贝湾沙滩

海水清澈、沙质细腻、群山环绕。海岸边的芦苇丛、遥远的海上落日，让人憧憬和向往。

▲ 海贝湾街心花园

骑行400米，来到海贝湾街心花园，这里的观海平台中间有一个贝壳形状的景观，一棵香樟树从"贝壳"中穿越而出。在"贝壳"下拍照，每个角度都能拍出不同的感觉。前方树影中一座蓝白相间的灯塔，颇为醒目。

再往前骑约200米，到达海贝湾沙滩。

▲ 双拥码头

#### 双拥码头

盐田—大鹏航线的始发终到码头。航线途经盐田港、大梅沙、土洋村、鲨鱼涌、金沙湾、月亮湾，有可能看到海豚在大海中腾跃。

#### 月亮湾广场

位于大鹏半岛南端，一线海景，十足人气。

▲ 大鹏新区婚姻登记处

滨海骑行道 | 111

骑行至 1.1 公里处，右转进入企沙下路，200 米后左转进入海边的铺砖栈道，沿栈道骑行约 500 米到达月亮湾广场，一座多层砖石结构的景观塔矗立其间。当阳光恰如人愿时，暖黄色的光晕围笼墙体。登上塔顶，南澳水头沙海滨一览无余。

深圳首个滨海婚姻登记处——大鹏新区婚姻登记处也在这里。不妨站在月亮湾广场的双层观景台上，看看新人们在山海间定格人生的美好时刻。

继续沿着海画一条美丽的弧线，转一道大大的 S 弯，到达 2.6 公里处的双拥码头。路的一边是码头和海鲜市场，另一边是餐厅和高帽大厨，海鲜从海里到碗里，几乎就是零等待！

▼ 月亮湾广场

▲ 枫浪山郊野公园

**枫浪山郊野公园**
总面积约 1.3 平方公里，绿化面积约 1.2 平方公里，是集休闲、娱乐、健身为一体的登山主题公园。

**锦绣杜鹃**
半常绿灌木。花冠呈玫瑰紫色，有深红色斑点。

**杨梅树**
常绿乔木。花期 2—4 月，果期 5—7 月。果实含有丰富的维生素 C。

**自行车清洗保养**
先用水枪把整车各部位沙尘、泥巴和杂草冲掉，再用刷子、刮片去除较为顽固的泥巴和油垢。然后用抹布蘸稀释清洁剂对整车进行清洁，使用洗链器并加入清洁剂清洁链条，再用水枪对整车冲洗。冲干净清洁剂后，给车辆转动部位喷上防锈润滑剂，擦干整车，滴上链条油，完成简单清洗保养。

滨海骑行道 | 113

▲ 锦绣杜鹃　　▲ 杨梅　　▲ 自行车清洗保养

　　向前 200 米，是枫浪山郊野公园，在此大鹏湾海域美景尽收眼底。锦绣杜鹃和杨梅树，一丛丛、一片片，染出了壮丽的满山红。

　　欢乐的时光特别快，骑行到 3.5 公里处，就到了终点畲吓湾。

　　在海边骑行，海风带来的盐分和微小沙粒会侵蚀和损害您的爱车。享受了骑行的愉悦，不要忘记对自行车的呵护保养。

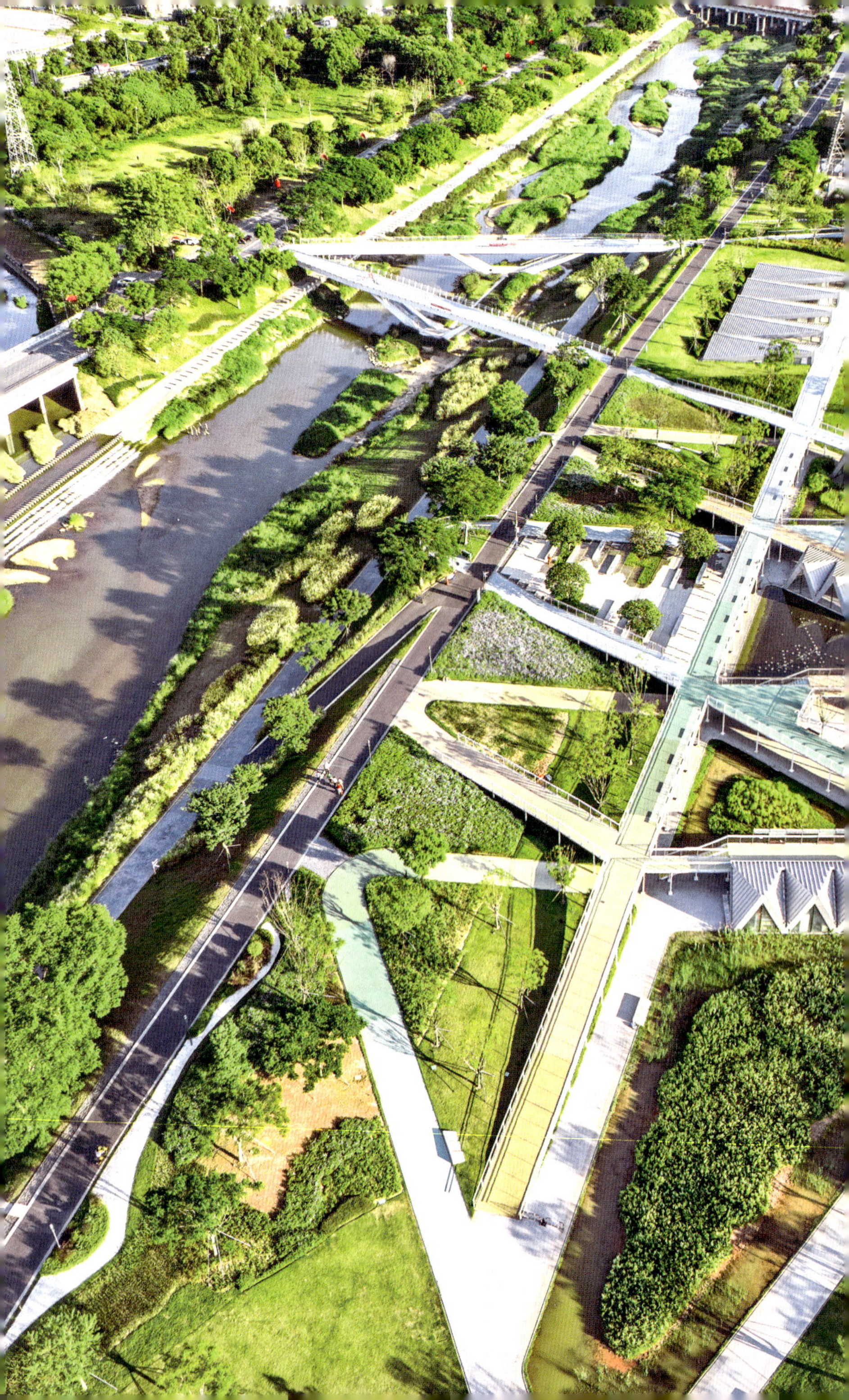

# 河湖骑行道

环石岩湖骑行道
环立新湖骑行道
环西丽湖碧道
大沙河生态长廊
福田河绿道
茅洲河碧道

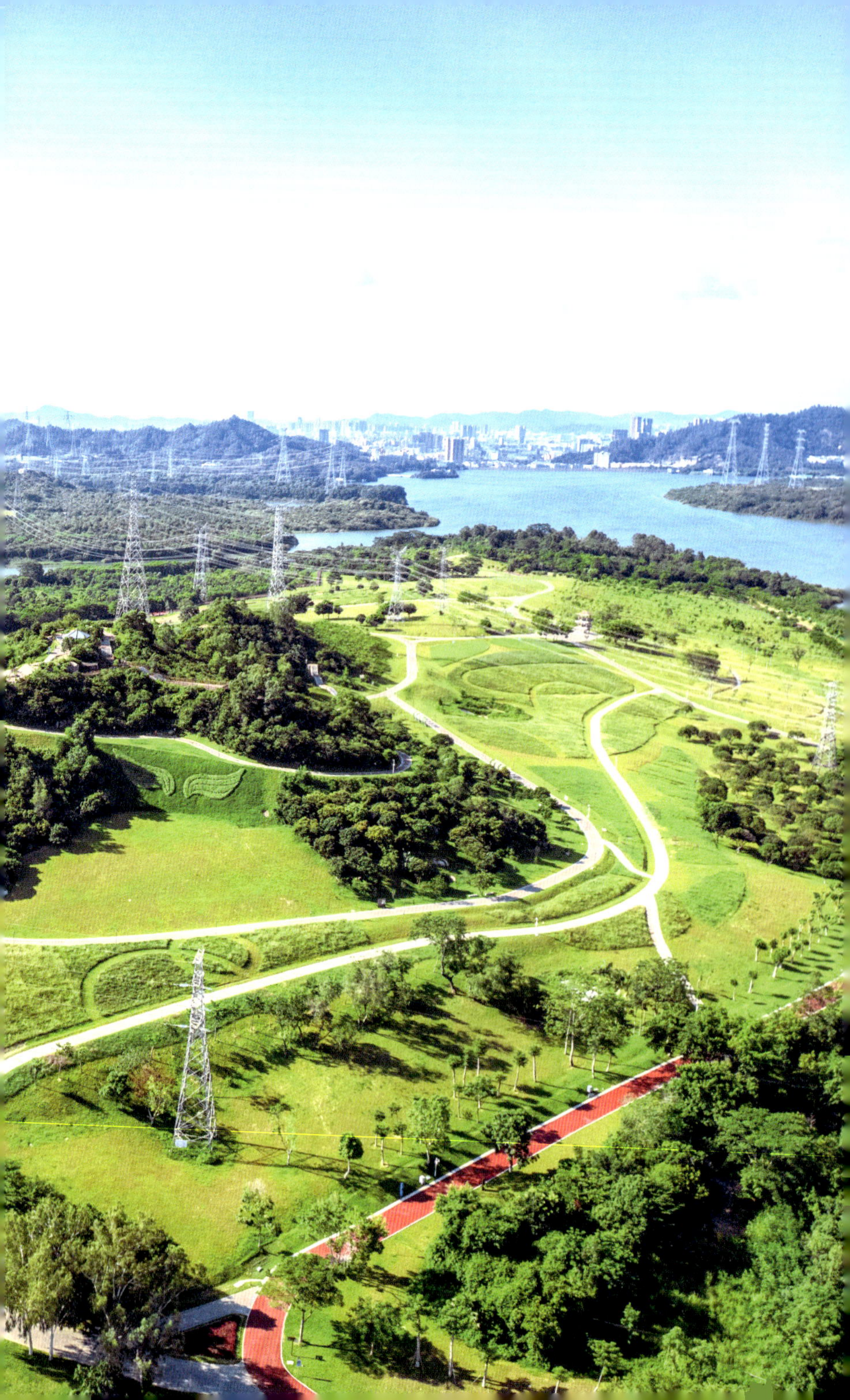

# 环石岩湖骑行道
## Cycling Trail around Shiyan Lake

## 骑行指南

**路线情况**
长度 17.5 公里，宽度 1.2 米—8 米，海拔范围-8 米—81 米。沥青路面为主，少部分混凝土、石板路

**推荐入口**
石岩湿地公园、俯仰之间公园、陌上花公园、青草排公园

**推荐停车**
湿地公园停车场（松柏路）、如翰停车场（洲石路）、如飞停车场（洲石路）、青草排主题公园停车场（自力大道）

**配套设施**
休息区、直饮水点、自助售卖机、AED、洗手间及无障碍洗手间、遮阳廊架、休闲座椅

**开放时间：** 06：00—23：00（共享单车禁行）
**适合人群：** 普适
**适合车型：** 所有车型

## 分段及景点

**石岩湿地公园至青草排公园映日池段：** 10.0 公里
**景点：** 石岩湿地公园、俯仰之间公园、陌上花公园、青草排公园

**青草排公园映日池至石岩湿地公园段：** 7.5 公里
**景点：** 弘源寺

**骑行评价**
推荐指数 ★★★★☆
观赏指数 ★★★☆☆
难易指数 ★★☆☆☆

**雷达指数**

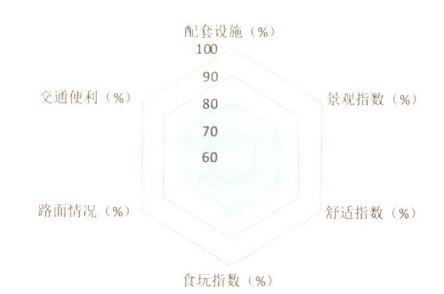

红星文化广场

弘源寺

径贝村

日池

帐篷区

千堆雪

拈花台

清泉万顷

悦心驿站

起终点

万象广场

比翼双飞

⭐ 起终点　🚻 洗手间　🕒 休息区　🅿 停车场

## 🚲 骑记

　　一半山水一半城，俯仰之间，山水环抱的好去处，它就是环石岩湖骑行道。

## 石岩湿地公园至青草排公园映日池段

　　从石岩大桥南侧的石岩湿地公园入口进入，可以先登上万象广场和山川出云平台，俯瞰24座水系景观桥。

▲ 环石岩湖碧道

▲ 石岩湿地公园 　　　　　　　　　▲ 万象广场·山川出云平台

### 环石岩湖碧道

1960年，石岩湖水库建成。2015年，环石岩湖骑行道开工建设，串联起湿地公园、俯仰之间公园、陌上花公园、青草排公园四大主题公园，是深圳最长的环湖道，自然野趣，绿色休闲。

### 石岩湿地公园

占地面积约106万平方米。应用"海绵城市"理念，构建湿地水网，发挥湿地吸、蓄、渗、净等"天然海绵"功能，强化防洪排涝作用。公园修建了24座景观桥、9座景观池。

**禾雀花**

花似雀鸟，一串串挂在茎上，远远看去像很多雀鸟成群聚集在一起。花期4—6月。

**珍珠相思树**

高2米—4米，花黄色，有香味，生长速度快，喜阳耐旱耐寒。花期3—6月。

▲ 禾雀花

河湖骑行道 | 123

顺时针骑行，出发即下坡，清晨的绿叶上挂满了露水，随风摆动。伴随着自行车的花鼓声，不知不觉间来到了2公里长的禾雀花长廊，左侧池塘夏日会长满莲花。路旁种有珍珠相思树，花开时节，金黄色球状花怒放惊艳。

▲ 珍珠相思树

▲ 清泉万顷

**俯仰之间公园**

占地面积约 53.8 万平方米，林木葱郁。有约 2 公里的环形健身步道及约 550 米长的木栈道，建有图书馆、篮球场。公园四面都有阶梯可登至山顶，山顶有大凉亭。仰看青翠欲滴，俯观湖面如镜。

▲ 俯仰之间公园

400 米处开始，宛如骑行在桥的世界，听鸟鸣、闻花香、过桥梁。

蜿蜒的石岩河穿行在湿地公园，24 座桥梁串联起河道两岸，半莲、琴叶、掬溪、蓝楹、蝉鸣、望山……每座桥都有诗意的名字。

800 米处转弯，有一缓坡，骑至坡顶，有一小亭，名曰"一层楼"。

1.2 公里处，听到许多人在呼喊，转过弯，原来是球队在青云足球场练球。球员们充满活力，奔跑追逐。

此处开始向下骑行，200 米左右，有孩子们的嬉戏声，沙滩透过树林时隐时现。

1.7 公里处，一拱桥式建筑名"清泉万顷"，横亘在路中间。斑驳的墙体带着沧桑痕迹，藤蔓缠着墙体上卷并扩散交错，仿佛时间长河的一道道印记。穿行而过就是俯仰之间公园了，绿道环绕着平缓的小山，山顶有一座仿古的八角阁。

### 陌上花公园

2022年10月开放。设有时雨亭、拈花观景台、五亩园、躬耕地、儿童乐园,种植马樱丹、蓝雪花、矮化大红花、太阳花等花卉和粉黛乱子草、紫穗狼尾草。

### 悦心驿站

除配备自助售卖机、洗手间外,还设置了环石岩湖骑行道自助图书分馆。

▲ 陌上花公园

▲ 悦心驿站

▲ 比翼双飞

河湖骑行道 | 127

　　清泉万顷处右转，绕山骑行，青草、野花、树木，错落有致。路口有 悦心驿站，右转骑行约 800 米来到宽阔的一极广场，再右转沿洲石路骑行约 200 米进入 陌上花公园，左侧山坡的绿草被修剪成一对羽翼，似乎要伴风飞翔。"陌上人如玉，公子世无双"，这就是网红打卡地——比翼双飞。

　　从比翼双飞向东北骑行 350 米可到达时雨亭，若向西骑行 350 米左右是心心相印爱情主题公园。

▲ 五亩园

蓝雪花
花蓝色,似雪片。花期7—9月。

太阳花
花色繁多,有淡香味,见阳光花开,早、晚、阴天闭合。花期6—9月。

▲ 蓝雪花

▲ 太阳花

继续骑行约 300 米到达拈花台,是两层的观景台。再骑行约 200 米,就到了五亩园,种植着蓝雪花、太阳花等五色花卉。

▲ 青草排公园

#### 青草排公园
有环湖碧道最高观景台"青草蜓",可俯瞰石岩湖全景。

#### 千堆雪
满山的荔枝树和龙眼树,奇石星罗棋布、大小不一,细观仿佛有生命灵动,卷起"千堆雪"。

#### 轻松驿站
空调、自助售卖机、AED、母婴洗手间、无障碍洗手间等配套设施一应俱全。

沿着铺装红色防滑胶的环湖碧道继续骑行，于7.6公里处进入青草排公园，100米处路口有一石，上书"**千堆雪**"。石旁有阶梯，向荔枝林深处延伸，若有兴趣，可沿阶梯上千堆雪观石赏景。

再向前是将近1公里的长下坡，控制好车速，道路左侧出现巨大草坪，这便是青草排的**帐篷区**。路口有**轻松驿站**。

▲ 千堆雪

▲ 帐篷区

▲ 轻松驿站

▲ 青草蜓

▲ 露香径

▲ 映日池

　　轻松驿站左转向西骑行400米，右侧有步道可达青草蜓。继续向前50米有岔路口，向南可经露香径返回，向北骑行则可达映日池。

青草蜓
石岩湖最佳观湖平台。

映日池
湖面水平如镜，倒映着蓝天白云、青山绿树。

▲ 弘源寺

**弘源寺**
依山而建，绿树成荫，清静幽雅。

## 青草排公园映日池至石岩湿地公园段

映日池尽头，沿左侧小径，骑行 200 米到达洲石玉支路。

该路段大部分为市政道路。非机动车道上，自行车、电动车及行人混行，路况复杂，须注意安全。

骑行完约 400 米的南光高速桥下道路，到达石岩湖路口右转，是约 600 米的下坡路段，下降海拔 30 米，此时速度渐渐加快但又不至于失控，可以享受不需要费力就能轻松加速的感觉。下完坡，进入石岩湖温泉度假村西南门，建于清嘉庆年间的弘源寺隐于度假村内。

▲ 红星文化广场

▲ 松柏路

  穿过度假村，到达正门所在的星湖路，已身处光明区，稍觉恍惚又有些许兴奋。沿着非机动车道骑行约 600 米，即可到达红星文化广场。继续骑行约 300 米，右转进入松柏路，再骑行约 2.6 公里，到达有诸多古迹的径贝村。

  已到达终点，若是七八月间，不妨去尝尝种植历史长达 200 余年的石岩沙梨。

红星文化广场

位于红星村。该村前身为麻布村，抗日战争时期为东江纵队活动区域。

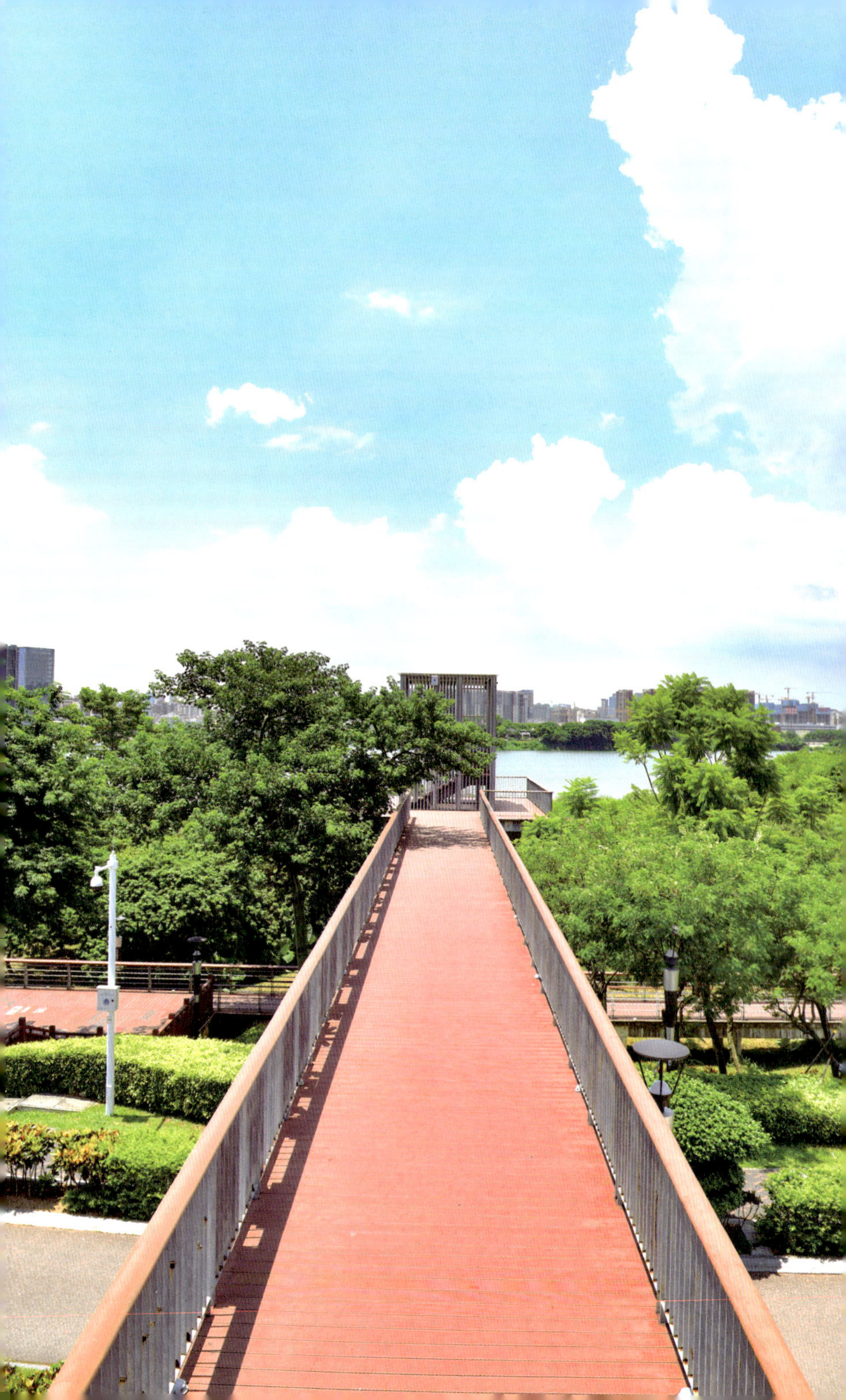

# 环立新湖骑行道
## Cycling Trail around Lixin Lake

## 骑行指南

**路线情况**
长度 8.7 公里，宽度 1.2 米—4 米，海拔范围-1.8 米—33 米。防滑塑胶路、石板路、砖铺路，路面平坦，转弯平缓，骑行道单独设计，部分路段与行人混行

**推荐入口**
雨林迎宾、南二门、东三门、东一门、北三门

**推荐停车**
立新湖公园南停车场、立新湖公园东停车场、立新湖公园游客中心停车场

**配套设施**：休息区、饮水点、洗手间、长凳、遮阳凉亭、自助售卖机、自助充电宝
**开放时间**：全天
**适合人群**：普适
**适合车型**：所有车型

## 分段及景点

**雨林迎宾至福湾游廊段**：2.7 公里
**景点**：雨林迎宾、观景绿港、月季园花海、半岛花海、白石厦体育公园、水岸花街、福湾游廊

**福湾游廊至雨林迎宾段**：6 公里
**景点**：转角广场、凭栏观水、七彩花田、荔林漫步、柳浪闻莺、文创公园、吉门纳福

**骑行评价**
推荐指数 ★★★★☆
观赏指数 ★★★★☆
难易指数 ★☆☆☆☆

**雷达指数**

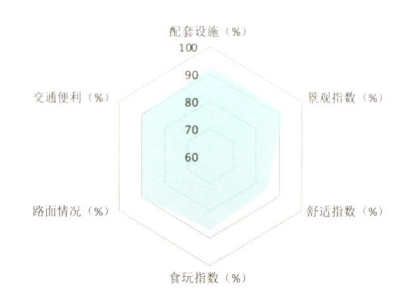

# 柳浪闻莺

## 白石厦体育公园

- 转角广场
- 凭栏观水
- 福湾绿港
- 山顶观景台
- 柳浪闻莺
- 观湖平台
- 福湾游廊
- 半岛花海
- 白石厦体育公园
- 观景长廊
- 林中栈道
- 起终点

图例：
- ⭐ 起终点
- 🚻 洗手间
- 🕐 休息区
- Ⓟ 停车场

## 骑记

　　立新湖毗邻珠江口，占地面积约 1.9 平方公里，水域面积约 1.2 平方公里。骑行在立新湖景观长廊上，水面碧波荡漾，两岸青柳拂地。

## 雨林迎宾至福湾游廊段

　　从南三门进入，就是雨林迎宾，此处距月季园花海、半岛花海等网红打卡点较近。骑行起点位于暖风驿站后方，立有"<u>起点</u>"字样标识牌。

河湖骑行道 | 143

▲ 暖风驿站起点

▲ 观景绿港

▲ 立新湖赋

从雨林迎宾逆时针骑行约 100 米后左转，再骑行约 100 米到达晶莹清透的"**立新湖赋**"雕塑，雕塑与波光潋滟的湖水相映成趣。沿"立新湖赋"左侧栈道可步行到**观景绿港**。

从立新湖赋继续骑行 300 米现岔路口，又到了抉择时刻，右转骑行 100 米左右，可至坐落于小山丘上的白色景观亭——一层楼，其周围被粉色小花环绕。

观景绿港
水上栈道和观景平台。

立新湖赋
著名辞赋家、书画家、诗人颜其麟，阅湖光，览山色，有感而发，作《立新湖赋》。

#### 月季园花海

沿湖畔而建,盛开期为4月中旬至5月,有70多个品种、近12000株月季花。每种花都有标识牌,赏花时可以了解"芳名":莫奈、绝代佳人、红双喜、法国礼服、希望之音、柠檬酒玫迪兰、铃之妖精、朱丽叶……

  沿环湖绿道向前骑100米,就可以到达深圳的"莫奈花园"——月季园花海。
  月季园花海前行200米,到达半岛花海,目之所及,皆是玫瑰。人在花中行,便是画中人。
  继续骑行500米,再次抉择,左转继续,右转即返回雨林迎宾起点。
  1.1公里处,道路右侧有多个延伸观景亭,以木质通道相连,组成了视野开阔、绿树环绕的观湖平台。
  再骑行200米就到了白石厦体育公园。

### 半岛花海

入口处,翠绿的藤蔓植物盘绕牵连。从门口进入,豁然开朗,满目绿意,亭台点缀。四时之景,各不相同。

### 观湖平台

亭台水榭,驻足远眺,仿若立于密林之上。郁郁葱葱间光影朦胧,碧绿万顷上湖光潋滟。

*水岸花街*

沿福洲大道设置了一条长约 200 米的滨湖花街,清新自然。

▲ 温馨路

骑行至 1.7 公里处，前方福洲大道有机动车辆行驶，不禁有些失望，以为骑行已到尽头，左转却赫然发现一排木质建筑，定睛一看，水岸花街穿越出现。

水岸花街尽头左转进入温馨路，骑行约 200 米后到达福湾游廊，进入大门，首先看到的是红木廊道。

福湾游廊
宽阔的大广场，中心一簇绿植实乃神来之笔。

▲ 十亩地聚浪营

▲ 福湾绿港

凭栏观水
亭子造型独特,木质栈道顺湖水向林间蜿蜒。

观景平台
圆门小,进入后豁然开朗,镂空围栏内贝壳满满。

福湾绿港
绿意葱茏,围绕着延伸出的观景平台。

## 福湾游廊至雨林迎宾段

福湾游廊广场出来右转,经过几家茶舍,阳光穿过树隙,洒落斑驳光影。小朋友可以去十亩地聚浪营玩耍。

从温馨路非机动车道左转前行约 100 米后,小心过马路,继续前行至征程一路左转,约 450 米后到达 4 米宽的双向骑行道福堤花阶。

4.2 公里处,到达福湾绿港,可在林间栈道观湖,在小广场散步。

继续骑行约 200 米,在尽头左转进入约 300 米长的水库路段,左转 100 米处是转角广场。广场临水一侧可凭栏观水。

再骑行 800 米后来到古朴雅静的观景平台。

▲ 观景平台

▲ 凭栏观水

▲ 福堤花阶

▲ 山顶观景平台

  荔枝树，绿草坪，再前行约 150 米，左侧栈桥若隐若现。

  绿树成荫，缓缓骑行，共享美好与宁静。6.2 公里处，道路左侧是延伸向水面的架空观景平台，右侧是可步行登至<u>山顶观景平台</u>的羊肠小道。

  继续骑行约 700 米，来到<u>柳浪闻莺</u>。

▲ 柳浪闻莺

▲ 湖畔香芬小镇

再前行 100 米到达湖畔香芬小镇，欧式风情小镇内有诸多特色小店。

离开小镇，在三岔路口左转，7.3 公里处是立新湖主坝，湖光山色，微风拂面。

主坝尽头左转进入立新北路，向前骑行约 1 公里为绿道终点，但不是骑行终点。沿绿道继续骑行，经过 8.5 公里处的林中栈道后到达终点，完成绕湖一周。

西瀝水庫

# 环西丽湖碧道
**Waterfront Greenway around Xili Lake**

## 骑行指南

**路线情况**
长度 16.2 公里，宽度 1 米—6 米，海拔范围 20 米—66 米。沥青路面为主，少部分石板路、水泥路，路面平坦，转弯平缓，骑行道单独设计，部分路段与行人混行

**推荐入口**
西丽度假村西南门、白芒村、大磡村

**推荐停车**
西丽度假村西南门停车场、白芒村停车场、大磡村停车场

**配套设施**
驿站、洗手间、长凳、遮阳凉亭、自助售卖机
**开放时间**：全天，周六、日及节假日共享单车禁行
**适合人群**：普适
**适合车型**：所有车型

## 分段及景点

**西丽湖牌坊至白芒拓印段**：6.3 公里
**景点**：水漾起笔、书卷丽川、白芒拓印

**白芒拓印至悦动大磡段**：6.5 公里
**景点**：萤灯碧苑、稻香尺案、写意三河、横塘垂砚、悦动大磡

**悦动大磡至水漾起笔段**：3.4 公里
**景点**：问山叠水、院士之道、西丽塔、夕阳平台

### 骑行评价
推荐指数 ★★★★☆
观赏指数 ★★★☆☆
难易指数 ★☆☆☆☆

### 雷达指数

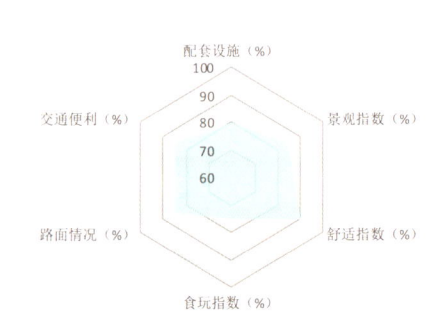

配套设施（%）
景观指数（%）
舒适指数（%）
食坑指数（%）
路面情况（%）
交通便利（%）

# 环西丽湖绿道

N

- 萤灯碧苑
- 写意三河
- 横塘垂砚
- 悦动大磡
- 稻香尺案
- 白芒拓印
- 书卷丽川
- 问山叠水
- 夕阳平台
- 起终点 西丽湖牌坊
- 水漾起笔

| 图例 | |
|---|---|
| ⭐ 起终点 | 🚻 洗手间 |
| 🕐 休息区 | Ⓟ 停车场 |

▲ 西丽湖

## 🚴 骑记

  西丽湖碧道起于"西丽湖"牌坊，骑经西丽湖路、沙河西路、沁园路等市政道路，丽水河、白芒河、麻磡河、大磡河、燕清溪等河流，返回"西丽湖"牌坊。建设遵循"低干扰，轻介入"绿色环保模式，串联山林、河湖、村落、公园、高校、科研机构。形成"一环九景"生态人文绿道，好似一个爱心环绕在西丽湖周边，是人与自然共享的"森林居所"，是绿道与碧道合二为一的绿色生态长廊。

  "一环"指环西丽湖碧道；"九景"包括水漾起笔、书卷丽川、白芒拓印、萤灯碧

苑、稻香尺案、写意三河、横塘垂砚、悦动大磡、问山叠水。

## 西丽湖
位于麒麟山下,原名西沥水库,1960年3月建成,曾为广东"岭南八景"之一,1983年易名"西丽湖"。

## 西丽湖牌坊至白芒拓印

碧道是西丽湖国际科教城生态环重要载体。西丽湖路与沁园二路交会处，矗立着一座岭南特色的牌坊，牌匾正中的"西丽湖"字样，为廖承志先生题写。骑友们习惯将牌坊作为环西丽湖碧道起点（本段为市政路段，需注意交通安全）。

沿西丽湖路绿道向西南骑行，绿树成荫，道路平坦。400米处，左侧路中央一座银色雄狮雕像展现着万兽之王的气势，正是深圳野生动物园入口。600米处，左侧丽水路是西丽湖科学家步道的起点，丽水路右转丽山路520米可达大沙河生态长廊（见本书河湖骑行道之大沙河生态长廊）。

*西丽湖国际科教城*

总面积69.8平方公里。2002年开始布局，南连深圳高新区，北接光明科学城，东连深港科技创新合作区，西接前海自贸片区。集聚了清华、北大、哈工大、南科大、深大等高校校区，中国科学院深圳先进技术研究院、深圳市人才研修院、资本市场学院、鹏城实验室等机构也已入驻。

河湖骑行道 | 161

▲ 西丽湖牌坊

▲ 深圳野生动物园

▲ 西丽湖科学家步道

### 西丽湖科学家步道
总长约17.8公里。途经丽水路、深圳大学城、环西丽湖绿道、鹏城实验室石壁龙园区、丽康路。

### 深圳野生动物园
位于西丽湖东侧，1993年9月开园。具有亚热带新型园林生态环境系统的放养式动物园。

继续骑行，1.2 公里处，道路左侧白墙灰瓦马头墙，清新雅致的徽派建筑是深圳大学城丽湖实验学校。1.6 公里处，来到沙河西路交会处，右转进入沙河西路，右侧是水漾起笔，左侧是全国首批获得招收海外留学生资质的高职院校——深圳职业技术大学。

沙河西路道路右侧为骑行道做了硬隔离。沿沙河西路绿道向西北骑行，2.4 公里处，右侧深圳市水土保持科技示范园是我国第一个以城市水土保持工作为主题的示范园区。

深圳职业技术大学
前身为深圳职业技术学院，国内最早独立举办高等职业技术教育院校之一。国家示范性高等职业院校、全国一流高职院校建设单位。

水漾起笔——碧道的南侧门户
"一环九景"之一。包括零点广场和主坝水文化连通径。迎水观坝，微风拂面。

深圳大学城丽湖实验学校
为打造北部片区品牌，在原丽湖中学基础上增设试验性质的精品小学部，成为九年一贯制实验学校。

河湖骑行道 | 163

▲ 沙河西路骑行道

　　车轮轻转，微风拂面，犹如骑行在城市与自然交织的奇妙画卷。4 公里处，左侧是沿丽水河打造的长达 2 公里滨水景观带 —— **书卷丽川**。6.3 公里处，来到**白芒拓印**，该处设有骑行驿站——**白芒驿**。右转进入白芒村道，骑行约 300 米达白芒村小广场入口，再右转沿着 4 米宽的旋转道路努力蹬踩而上，开启园内绿道骑行之旅。

**深圳市水土保持科技示范园**

我国第一个以城市水土保持工作为主题的示范园区，集中展示深圳自上世纪 90 年代以来水土保持工作的成果。是深圳市推动生态文明建设和水情教育宣传的重要基地和展示窗口。

**白芒驿**

可租借、检修车辆、休息聚会，为骑友提供全方位服务。作为市民友好的"城市会客厅"与园内绿道起点的"服务中心"，为周边市民及远道而来的骑友们提供为热爱而相聚的场所。

**书卷丽川——自然生态的线性滨水公园**

"一环九景"之一。将丽水河打造延展成为长 2 公里的自然野趣生态滨水长廊。

**白芒拓印——骑友能量补给站**

"一环九景"之一。生态与生活共融,可闲坐于林荫台地,滑翔于绿荫乐园,漫步于净水河畔,沉浸于白芒草海。

# 白芒拓印至悦动大磡

▲ 萤灯碧苑

▲ 稻香尺案

向东骑行 1.2 公里，一路花草色彩缤纷，空气清新。南国后花园——萤灯碧苑生态野放，低空中，色彩鲜艳身体纤弱的豆娘飞舞。

优哉游哉地骑行约 500 米，聆听溪水潺潺。不经意间，稻香尺案到了，农作物、花朵、树木、野草随风摇曳，展现田园生机。

### 萤灯碧苑——大自然的探索学园
"一环九景"之一。位于米长坑山谷。池塘溪流自然串联，形成生态野放南国后花园。日览清池游鱼，夜观流光萤火。

### 豆娘
昆虫纲蜻蜓目束翅亚科，颜色鲜艳，身体细长，体态优美，复眼发达。歇息时翅膀伸长叠在一起。一个地域中的豆娘数量多，说明水生环境好。

### 稻香尺案——自在静思的心灵疗愈地
"一环九景"之一。溪涧踏石、花田漫步、林里穿梭，田埂路串联参差农田。油菜花、葵花与青山相辉映，营造"辨五谷，尝百味"的自然花田课堂。

▲ 豆娘

◀ 稻香尺案

向东北方向骑行约 2.8 公里，写意三河如世外桃源，有草涧驿可休息补给。继续前行 900 米，横塘垂砚犹如湖中浮岛，横塘驿是艺术爱好者新的休闲体验地。

▲ 写意三河

▲ 草涧驿

写意三河——"轻轻"户外的田园自然聚场
"一环九景"之一。麻磡河与其支流三河交汇处，承载了全线最重要、最高频的田园活动功能。

▲ 横塘垂砚

**横塘垂砚——水墨蓝屿中的浮岛意境**
"一环九景"之一。塘为砚,桥为笔。横跨城野、荔林之隙的湖中浮岛。

▲ 横塘驿
提供绘画、插花、煮茶、手工等创作体验。

河湖骑行道 | 169

　　于山野荔林继续向东南骑行 1.1 公里，**悦动大沥**北区自然乐园内，孩子们尽情玩耍，家长们聊着家常。此处向东北 400 米，途中 2 个路口均左转可达**深圳 KUNG 洲际队俱乐部**。

▲ 悦动大沥北区

▲ 悦动大沥南区

▲ 深圳 KUNG 洲际队俱乐部

### 悦动大沥——活力悦动场
"一环九景"之一。位于大沥河入湖口处。北区打造自然乐园、风筝广场、滨河步道等生活化场景，南区覆土式建筑微风驿，西侧可俯瞰运动公园。

### 深圳 KUNG 洲际队俱乐部
深圳 KUNG 洲际队是国际自行车联盟（UCI）2025 年度首批公布的国内 9 支在册洲际队之一。该场所为骑友提供训练、社交、休憩一站式服务。KUNG 品牌始于 2010 年，是业内最早涉及中高端碳纤维自行车生产及研发的品牌之一。

## 问山叠水至西丽湖牌坊

　　一路美景如画，景观各具特色，或展现自然生态之美，或融入人文历史意境。无声无息流淌水墨画的小溪，沙沙作响演奏天籁音的竹林。继续前行 1.5 公里，燕清渠畔，问山叠水，亦景亦驿。

▲ 写意三河　　　　　　　　▲ 问山叠水

*问山叠水——层层叠水间触摸天光云影*
"一环九景"之一。穹顶层层叠水，观景平台可远眺西丽湖。夕阳下，晚霞倒映，美不胜收。
2024 年开放的"问山叠水"示范段广受好评，被誉为"城市里的绿野仙踪"。荣获 2024 年缪斯设计奖（2024 MUSE Design Awards）景观类别——公园及开放环境金奖。2025 年 2 月荣获 2024 年度香港 A&D 设计奖唯一的景观类设计金奖。

河湖骑行道 | 171

▲ 深圳市人才研修院

▲ 麒麟山庄

▲ 西丽塔

　　夕阳西下，林荫铺陈，西丽湖静谧祥和。放慢速度，身心深度放松治愈。问山叠水左转骑行 200 米，可通向毗邻麒麟山庄的深圳市人才研修院。与骑行道并行的是院士之道。

　　再右转向西南骑行，1 公里处，古朴典雅的西丽塔是西丽湖标志性建筑。前方 200 米的夕阳平台上，众多摄影爱好者将相机架设在三脚架上，专注地拍摄着夕阳美景。

　　怀着依依不舍的心情继续向前骑行 500 米，经榕树广场，返回"西丽湖"牌坊，用骑行轨迹圆满画出一个爱♡。

### 深圳市人才研修院
位于沁园路4589号,占地面积约85万平方米,是深圳市人才工作的重要载体和平台。

### 麒麟山庄
位于麒麟山麓。背靠麒麟山,面向天鹅湖。

### 西丽塔
1984年建成,塔身7层,高32米。塔座平台用花岗岩铺砌,四周采用中国古典建筑的八角飞檐琉璃瓦。飞檐上悬挂有小铜钟,随风摆动,清脆悦耳。

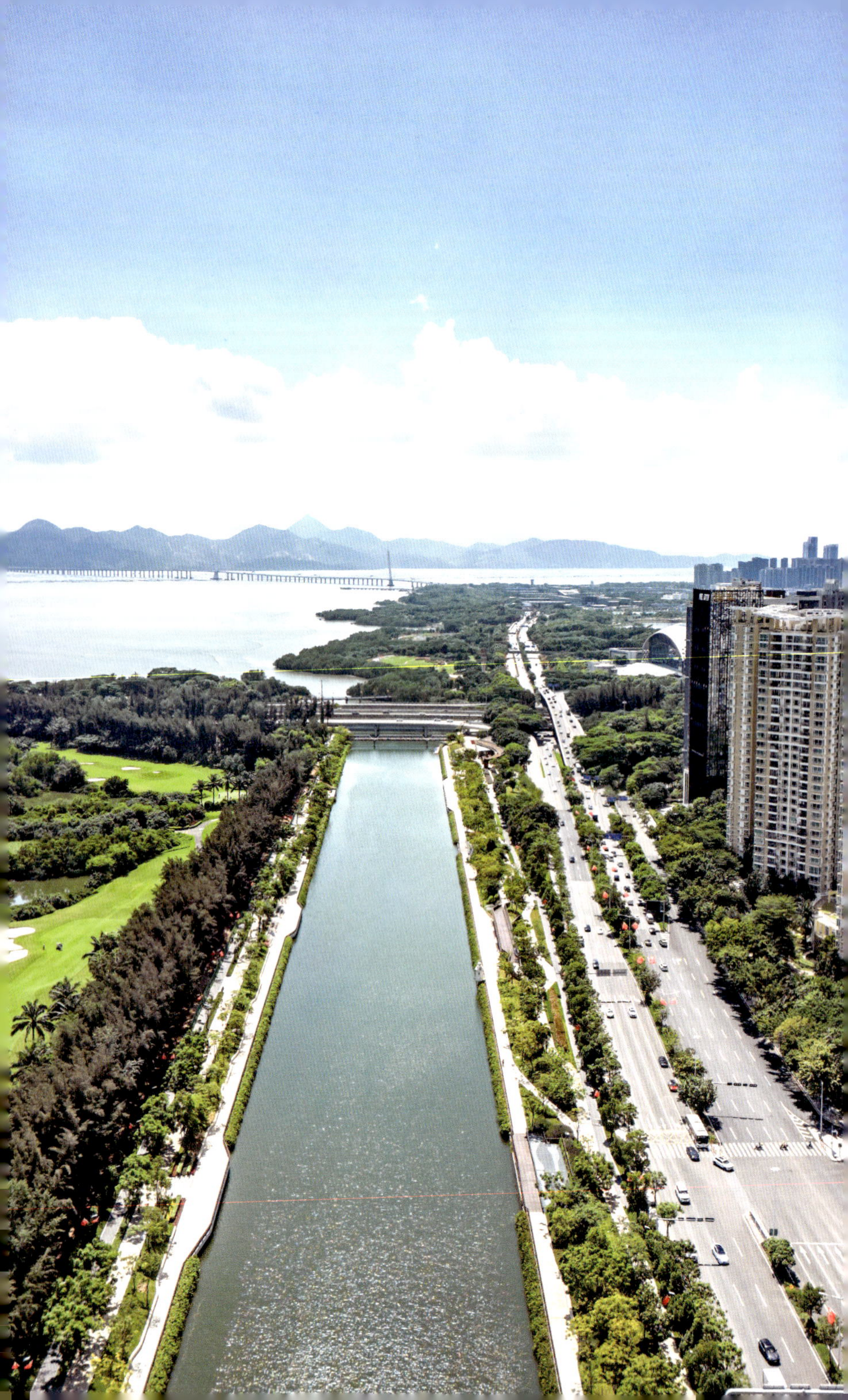

# 大沙河生态长廊

**Dasha River Ecological Corridor**

## 骑行指南

**路线情况**
长度 12.3 公里，宽度 1.5 米—4 米，路面平坦，沥青路面为主，少量石板路及水泥路

**推荐入口**
笃学路口、丽山路口、深南大道路口、小沙山入海口

**推荐停车**
学苑大道深圳大学城体育中心北侧、大沙河公园、深圳湾北湾鹭港

**配套设施**
休息区、直饮水点、洗手间、遮阳廊架、休闲座椅、自行车停放架、Wi-Fi、广播系统、智能电子标识牌

**开放时间**：06：00—23：00（部分区域共享单车禁行）
**适合人群**：普适
**适合车型**：所有车型

## 分段及景点

**笃学路至丽山路段**：4.5 公里
**景点**：清华大学深圳国际研究生院、青春竞技场、北京大学深圳研究生院

**丽山路至深南大道段**：5.5 公里
**景点**：九祥岭湿地公园、林间栈道、树屋、大沙河公园

**深南大道至小沙山入海口段**：2.3 公里
**景点**：荔枝园、水上赛艇、龙舟赛活动区、科技园

**骑行评价**
推荐指数 ★★★★☆
观赏指数 ★★★★☆
难易指数 ★☆☆☆☆

**雷达指数**

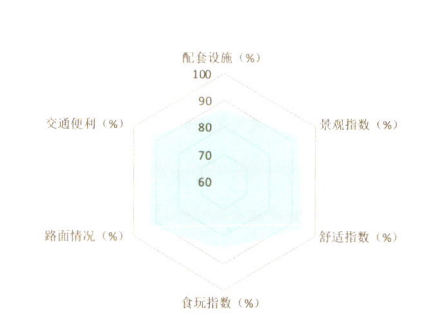

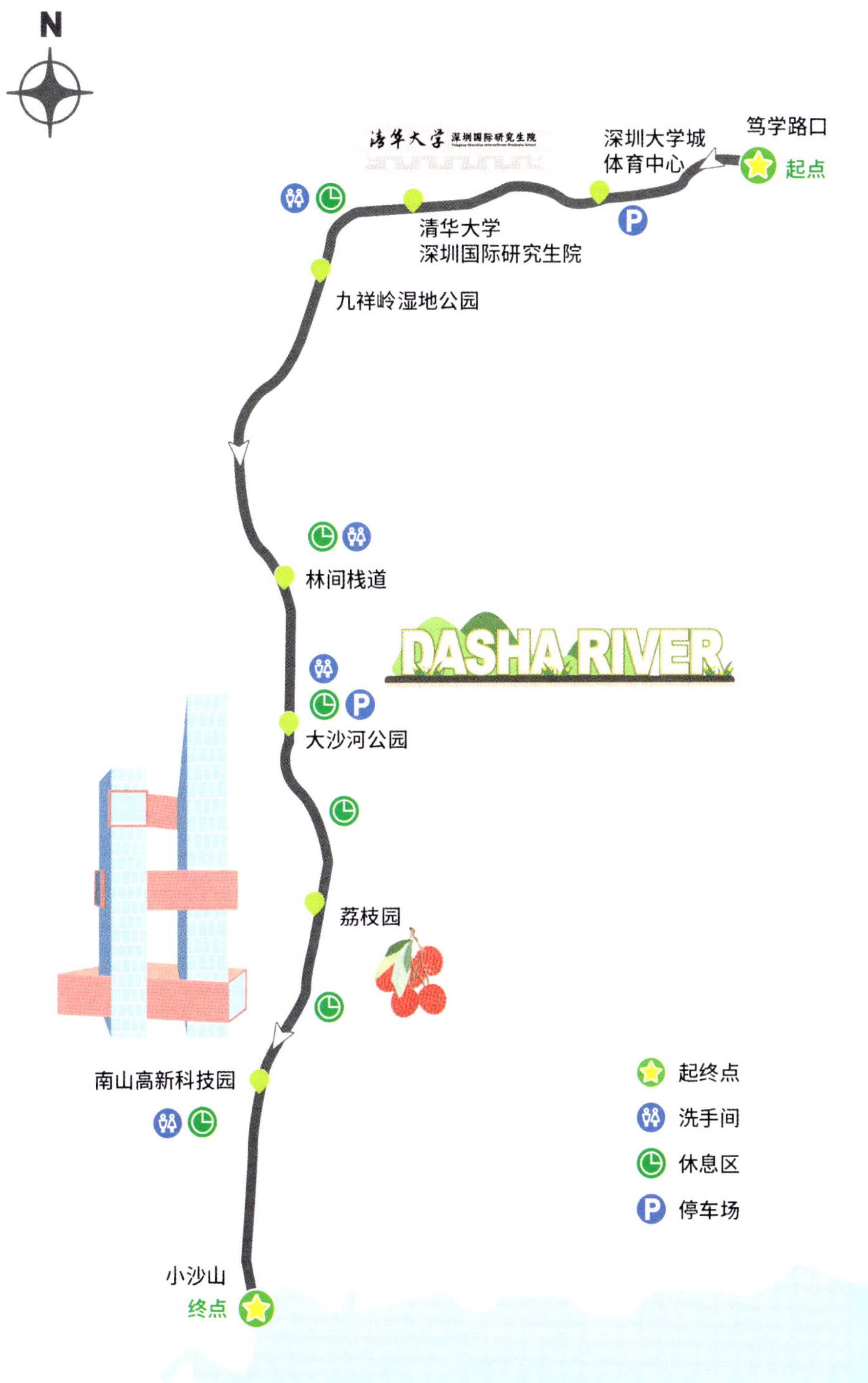
N
笃学路口
起点
深圳大学城
体育中心
清华大学 深圳国际研究生院
清华大学
深圳国际研究生院
九祥岭湿地公园
林间栈道
DASHA RIVER
大沙河公园
荔枝园
南山高新科技园
小沙山
终点
起终点
洗手间
休息区
停车场

## 骑记

风和日丽,去骑行步步入画的"深圳塞纳河"——大沙河生态长廊,在茂密的林间听鸟儿鸣唱,在寂静的河滨赏观鱼儿畅游,在蜿蜒的栈道上闻花儿清香。

## 笃学路至丽山路段

为能全方位体验这条"城市项链",我们从深圳大学城笃学路与学苑大道交会处出发。

▲ 大沙河生态长廊

▲ 深圳大学城

**深圳大学城**

中国唯一经教育部批准，由地方政府联合著名大学共同创办，以培养全日制研究生为主的研究生院群，已成为高层次人才培养和聚集、高水平科研、高新科技信息和高层次国际交流的平台。目前入驻的有清华大学深圳国际研究生院、北京大学深圳研究生院、中国科学院深圳先进技术研究院等。

**大沙河生态长廊**

大沙河发源于阳台山，全长约13.7公里。20世纪中叶，河中多采沙船，周边居民盖房也是直接从河里采沙，因此得名"大沙河"。大沙河曾污染严重，2017年，深圳市开始综合治理，2019年10月重新对外开放。治理后的大沙河通山达海，风景宜人，生态宜居，美丽宜游。

▲ 南方科技大学

  大沙河起始水道细窄，水流绕过长岭陂街心花园，顺学苑大道依次流经**南方科技大学**、**深圳大学西丽校区**、**中国科学院深圳先进技术研究院**。
  河水从大学城蜿蜒而过，自然生态美景和校园人文气息相映成趣，沿途所遇不乏饱学之士。"近朱者赤，近墨者黑"，我们踩踏单车的动作也变得斯文起来。

南方科技大学
2010年12月教育部批准筹建，2012年4月教育部批准成立，2018年5月获批博士学位授予单位。

深圳大学西丽校区
深圳大学是由广东省主管、深圳市人民政府主办的综合性大学，同时也是国家级人才培养模式创新实验区、全国首批深化创新创业教育改革示范高校。西丽校区于2017年2月正式启用。

河湖骑行道 | 181

▲ 深圳大学西丽校区

▲ 中国科学院深圳先进技术研究院

中国科学院深圳先进技术研究院
由中国科学院、深圳市人民政府及香港中文大学于 2006 年 2 月共同建立,实行理事会管理。

▲ 深圳大学城体育中心 　　　　　　　　▲ 北京大学深圳研究生院

　　河道渐宽，河水渐深，水中有了游鱼，空中出现渔鸥和鹭鸟，河道两边的植物也更丰富茂盛。骑行至 800 米处是遇见茶室。穿过丽水桥，南岸是青春竞技场（深圳大学城体育中心），北岸是北京大学深圳研究生院。

　　顺着河道骑过彩虹桥，到达清华大学深圳国际研究生院，在深圳科技图书馆（深圳大学城图书馆）处，河道豁然变成宽阔的河流。

　　继续在河畔骑行，来到北京大学汇丰商学院和哈尔滨工业大学（深圳）校区。离开校区后再骑行 1.2 公里，开始第二路段的骑行。

▲ 清华大学深圳国际研究生院 　　　　　▲ 北京大学深圳研究生院

深圳大学城体育中心
包括体育场、体育馆、游泳馆和室外网球场、篮球场等体育设施。

北京大学深圳研究生院
扎根深圳的北京大学研究型国际化校区，经教育部批准于 2001 年 9 月成立。

河湖骑行道 | 183

▲ 哈尔滨工业大学（深圳）

▶ 北京大学汇丰商学院

#### 清华大学深圳国际研究生院
清华大学与深圳市人民政府共建。2019 年 3 月挂牌。

#### 深圳市科技图书馆（深圳大学城图书馆）
深圳市政府 2006 年批准成立，是大学城各入驻单位的共同图书馆，同时向市民开放，是国内第一家具备双重功能的图书馆。

#### 哈尔滨工业大学（深圳）
前身是 2002 年成立的"哈尔滨工业大学深圳研究生院"，2017 年获批开展本科教育并更为现名。

#### 北京大学汇丰商学院
北京大学深圳研究生院下属学院。2008 年 10 月挂牌。

## 丽山路至深南大道段

第二路段以**九祥岭湿地公园**为开端。公园有一小瀑布汇入大沙河，三两只白鹭在浅水处悠然啄食。平日里人并不太多，每逢周末和节假日，许多人来游玩、锻炼，十分热闹。

碧水蓝天，鸟语花香，继续骑行至龙珠大道与龙井路交会处，盘旋在树梢的**林间栈道**让人眼前一亮，实在按捺不住上去体验的欲望。

▲ 九祥岭湿地公园

### 九祥岭湿地公园

2023年2月设立。属河流湿地类,面积约0.24平方公里。

### 林间栈道·环形树屋

设计灵感来源于海螺。

▲ 林间栈道·环形树屋

▲ 荔枝园

▲ 华润万象天地

▲ 大沙河公园

▲ 世界之窗

沿途风景时而宁静如画，时而灵动流淌。7.8 公里处，山体向河道延伸，形成高低错落的台阶式花园，已骑行到了大沙河公园。停车小憩，沿阶梯而上，一排木质建筑造型简约，散发着自然的气息，旁边是深圳品牌氮气茶馆。

9 公里处，荔枝园枝繁叶茂。若有兴趣，骑行 2 分钟可达华润万象天地，6 分钟可达世界之窗和欢乐谷。

▲ 欢乐谷

大沙河公园
2007 年 10 月建成，占地面积约 28.8 万平方米，有三生广场、三生亭、常德亭、祈福廊等。

荔枝园
大沙河生态长廊保留了原有的荔枝林，繁茂的枝叶为小动物提供了舒适的觅食、休憩空间。五六月间，红果似霞。

世界之窗
占地面积约 48 万平方米，1994 年 6 月开园。由世界广场、亚洲区、大洋洲区、欧洲区、非洲区、美洲区、世界雕塑园、国际街等区域构成，按照比例建造的世界各地景点 130 多个。

欢乐谷
占地面积约 35 万平方米，1998 年开园。有西班牙广场、魔幻城堡、冒险山、金矿镇、香格里拉、飓风湾、阳光海岸、欢乐时光和玛雅水公园等主题区，100 多个游乐项目。

华润万象天地
采用"街区 + mall"的独特空间设计理念。

### 深圳市腾讯计算机系统有限公司

1998年11月11日注册成立。2010年3月5日19时52分58秒，腾讯QQ最高同时在线用户数突破1亿，这是人类进入互联网时代以来，全世界首次单一应用同时在线人数突破1亿。2011年1月21日，腾讯推出为智能手机提供即时通信服务的应用程序——微信。

## 深南大道至小沙山入海口段

从大沙河桥底穿过深南大道，此处开始，河面宽近 50 米，水深约 2.5 米，可进行赛艇、龙舟等水上赛事活动。骑行时，正有几支队伍在训练，队员们密切配合，节奏一致，用力挥动手中的桨板，水面激起层层水花。

大沙河西侧为南山高新科技园，孕育了腾讯、中兴、迈瑞、大疆等众多高科技公司。

骑行至深圳湾小沙山入海口，傍晚时分，夕阳金柳，碧波荡漾，繁花似锦，鸟飞虫鸣。景诱人相融，人随景入画。

▲ 迈瑞公司

▲ 中兴通讯

迈瑞公司
成立于 1991 年，高科技医疗设备研发制造厂商。主要产品覆盖生命信息与支持、体外诊断以及医学影像三大领域。

中兴通讯
成立于 1985 年，综合通信解决方案提供商。业务覆盖 160 多个国家和地区。

大疆创新
成立于 2006 年。2012 年推出到手即飞的世界首款航拍一体机——"大疆精灵 Phantom 1"。

▲ 大疆创新

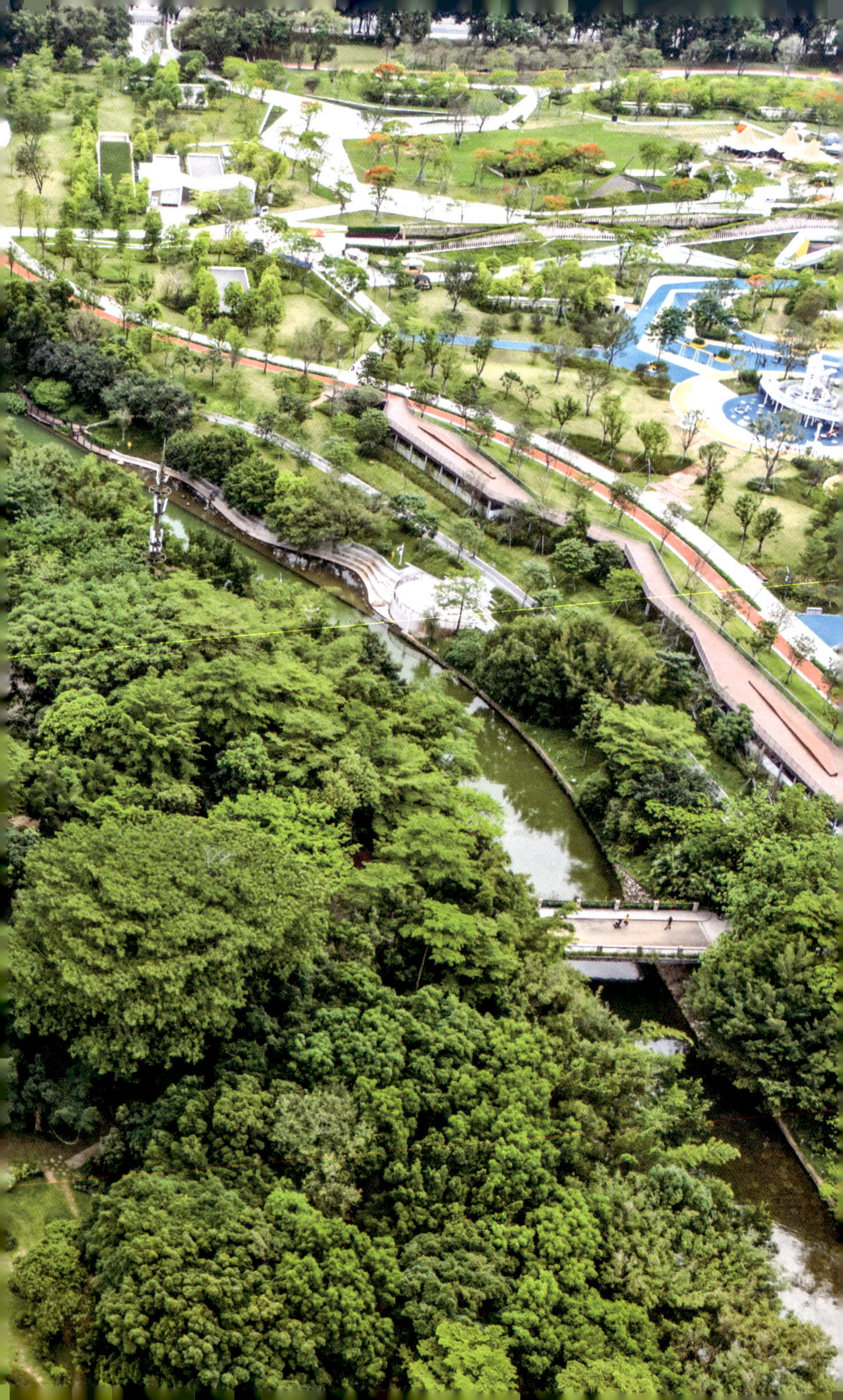

# 福田河绿道
**Futian River Greenway**

## 骑行指南

**路线情况**

长度 5.2 公里，宽度 3 米—4 米，海拔范围-14 米—27 米，累计爬升 22 米，累计下降 41 米。沥青路、砖铺路、石板路，路面平坦有起伏、转弯平缓，骑行道单独设计，部分路段与行人混行

**推荐入口**

笔架山公园西 2 门

**推荐停车**

笔架山公园西门停车场、笔架山公园南门停车场

**配套设施**

长凳、洗手间、观景台、遮阳凉亭、健身器材、自动售卖机

**开放时间：** 06：00—23：00

**适合人群：** 普适

**适合车型：** 所有车型

## 分段及景点

**笔架山公园西 2 门至中心公园 A 区与滨河大道交界处：** 5.2 公里

**景点：** 笔架山公园、中心公园

**骑行评价**

推荐指数 ★★★★☆

观赏指数 ★★★★☆

难易指数 ★★☆☆☆

**雷达指数**

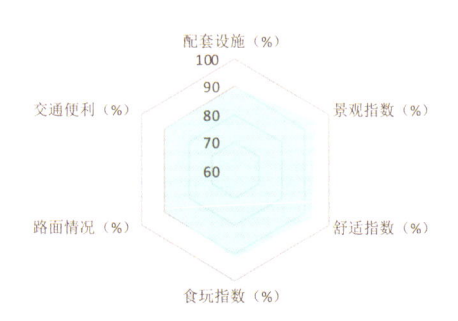

笔架山体育公园

起点
笔架山公园西2门

笔架山体育公园

97回归广场

中心公园

上海宾馆

终点
中心公园A区与滨河大道交界处

N

起终点　　洗手间　　休息区　　停车场

▲ 福田 CBD

## 骑记

　　滨水城市绿道，紧邻 福田 CBD。草木葱茏、鸟语花香，全长约 5.2 公里，微有起伏。串联笔架山公园和中心公园，是 五园连通 的重要生态景观走廊。

五园连通
通过建设廊桥、连桥和改造隧道、涵洞等方式，连通梅林山公园、银湖山公园、笔架山公园、莲花山公园、中心公园"五园"，形成以绿色为基底、以山水为景观、以人文为特质、以街区为基础的城绿交融新格局。

福田 CBD
深圳经济核心地带之一，集聚了众多国内外知名企业总部。

▲ 五园连通

▲ 笔架山体育公园

**笔架山体育公园**
占地面积约26.7万平方米，2023年11月全面开放。配置约3.5万平方米运动场地，包括7个足球场、4个篮球场、6个羽毛球场、3个毽球场、9个乒乓球场，以及车辆模型场，桥下攀岩活动空间、康体活动综合区、儿童活动区、健康跑道、滨河绿道等。

**深圳革命烈士陵园**
占地面积约5.7万平方米，建有革命烈士纪念碑、烈士芳名亭、革命烈士纪念馆等。碑身四面镌刻原东江纵队司令员曾生手书"革命烈士永垂不朽"八个大字。

河湖骑行道 | 197

绿道的起点在北环大道与皇岗路交叉口的**笔架山公园**西 2 门，开始骑行即进入**笔架山体育公园**。约 70 米处，是公园导览智慧交互大屏，可以很方便地查询公园信息。西北方不到 1 公里就是庄严肃穆的**深圳革命烈士陵园**。

▲ 笔架山公园

笔架山公园
占地面积约149万平方米,是一片有十余座小山峰的丘陵起伏地,其中三座主峰东西鼎立,形同笔架。

桉树
桉树油被广泛应用于制备各种天然驱蚊剂。

河湖骑行道 | 199

沿着福田河西岸骑行，不多远就闻到一阵芳香，让人身心放松。放眼望去，原来河对岸种有大片桉树林，怪不得这么绿植繁茂的地方没有蚊虫滋扰。

▲ 桉树林

▲ 中心公园

### 中心公园
占地面积约147万平方米,是城市中心的绿洲。分为五个区域:A区、B区、C区、D区和E区,每个区域都有独特的设施和活动场地。

### 莲花山公园
总占地面积约200万平方米,山形似莲花,海拔106米。公园主峰南坡建有两条登山步道,直达山顶广场,广场中央矗立着邓小平铜像。

### 深业上城
占地面积约12万平方米,总建筑面积约120万平方米。通过景观连廊连接莲花山公园和笔架山公园,集合了产业研发、公寓、酒店和商业等多种功能。

▶ 深业上城

骑行到约 900 米处，河对岸的双砚湖中片片美人蕉煞是好看。

骑行到 1.2 公里处，从笋岗西路下涵洞进入中心公园。

如果此时离开绿道，可从笔架山体育公园南门出来，沿笋岗西路西行约 1 公里，途经深业上城，到达莲花山公园。

▲ 莲花山公园

▲ 97 回归广场

97 回归广场

雕塑设计融入了 1997 年、紫荆花等元素。

继续骑行到 1.6 公里处，左转进入小路，在风雨轩书吧前左转上桥到福田河东岸后继续向南，开始穿行在福田河和中心公园景观湖之间。

　　到约 2.2 公里处，就要穿越红荔路了。先右转过桥返回西岸，再右拐穿过涵洞，出涵洞后上坡绕回到红荔路，骑过福田河后再右拐，就重新回到了绿道。

　　往前骑行约 200 米，就能看到 97 回归广场雕塑。

▲ 地王大厦

▲ 无人机空投柜

▲ 深圳证券交易所

**无人机空投柜**

美团无人机在中心公园C2区开通了无人机配送航线，以深业上城为起航点，可配送商品超千种。

**深南中路**

位于深南大道中段，沿途有地王大厦、蔡屋围金融中心区、深圳证券交易所。

▲ 蔡屋围金融中心区

　　骑行到 3 公里处，是中心公园 D2 区，出园门就到了绿道和振华西路的交叉口，过斑马线进入中心公园 C2 区，继续骑行。

　　经过生态景观林和乒乓球场后，在凉亭里稍事休息。不经意间头顶出现"嗡嗡"声，循声望去，原来不远处有<u>无人机空投柜</u>，通过 App 点餐，奶茶、炸鸡就会"飞"过来。

　　骑行到中心公园 C2 区南门，出来后左转上人行天桥，横跨车水马龙的<u>深南中路</u>，在天桥的右后方下桥，骑行约 100 米，左转回到福田河西岸的绿道，进入中心公园 B 区。

▲ 市民中心

#### 华强北
被称为"中国电子第一街",从1米柜台发展到成为全球电子市场的"风向标"和"晴雨表"。

#### 市民中心
位于福田中心区南北中轴线上,北靠莲花山,南向中央商务区,占地约91万平方米。整体建筑造型似大鹏展翅,气魄恢宏,是国内首座"没有围墙的政府大楼"。

#### 上海宾馆
位于华富路与深南中路交会处,1985年10月开业。曾经是深圳城区和郊区的分界点。

#### 平安国际金融中心
2016年4月竣工,总高度达599.1米,彼时为世界第四、中国第二、深圳第一高的摩天大楼,其悬空玻璃观景台获得吉尼斯世界纪录"最高的玻璃底悬挑观景平台"称号。

继续骑行到 4.5 公里处，左拐过桥到东岸，沿福田路继续向南，经过福田路和福华路交叉口，进入中心公园 A 区。继续向前骑行约 700 米，即到达与滨河大道交界处，行程终点。

绿道周边有华强北、市民中心、上海宾馆、平安国际金融中心等地标建筑，深圳精神和深圳人的奋斗故事等待着您去寻访。

▲ 华强北

▲ 上海宾馆

▲ 平安国际金融中心

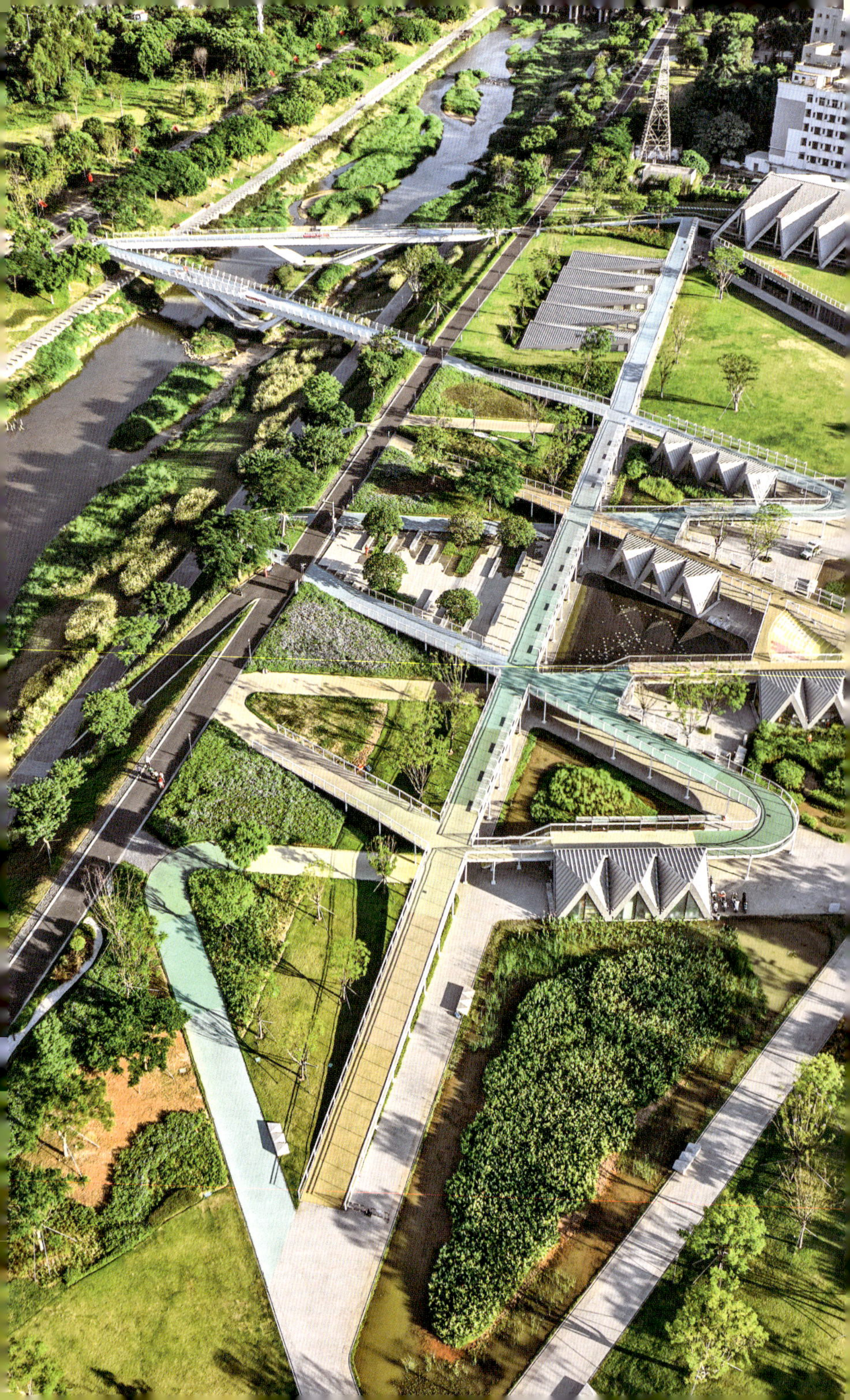

# 茅洲河碧道

**Maozhou Riverfront Waterway**

## 骑行指南

**路线情况**
长度 11.7 公里，宽度 3 米—4.5 米，沥青路，骑行道单独设计，部分路段与行人混行

**推荐入口**
啤酒花园（洋涌路南、恒兆工业区东北 50 米）、上村生态公园、滨河路与周家大道交叉口

**推荐停车**
满纷天地杉杉奥莱停车场、南光绿境停车场、大围沙河工业区地面停车场

**配套设施**
驿站、长凳、饮水点、洗手间、自助售卖机、自助充电宝

**开放时间：** 06：00—23：00（周六、日及节假日自行车禁行）
**适合人群：** 普适
**适合车型：** 所有车型

## 分段及景点

**啤酒花园至南光高速桥底段：** 4.8 公里
**景点：** 洋涌河水闸、燕罗湿地公园、亲水活力公园、碧道之环、麒麟山公园

**南光高速桥底至周家大道段：** 6.9 公里
**景点：** 南光绿境公园、南光秘境公园、上村生态公园、左岸科技公园、楼村湿地公园

### 骑行评价
推荐指数 ★★★★☆
观赏指数 ★★★★☆
难易指数 ★☆☆☆☆

### 雷达指数

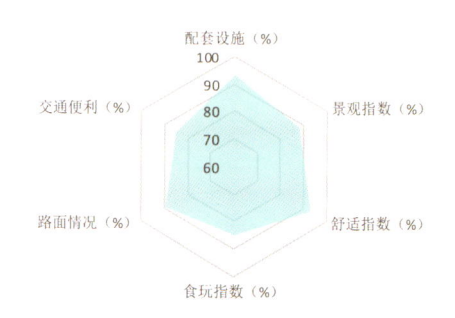

# 地图路线

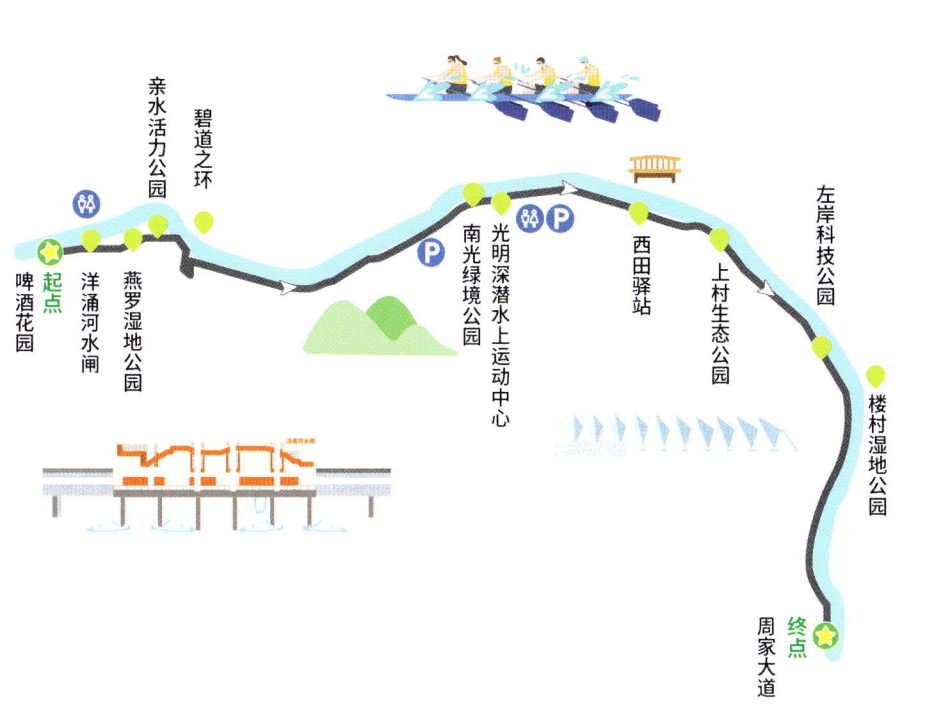

**起点**：啤酒花园
- 洋涌河水闸
- 燕罗湿地公园
- 亲水活力公园
- 碧道之环
- 南光绿境公园
- 光明深潜水上运动中心
- 西田驿站
- 上村生态公园
- 左岸科技公园
- 楼村湿地公园

**终点**：周家大道

图例：
- ⭐ 起终点
- 🚻 洗手间
- 🕐 休息区
- Ⓟ 停车场

▲ 茅洲河

## 🚲 骑记

　　水清岸绿、鱼鸥翔集，地螺、蓝尾虾、黑鱼和彩色蜻蜓重现，国家濒危植物<u>野生水蕨</u>也被发现。鸥鹭风中翔羽翼，茅洲河上赛龙舟 —— 这是如今茅洲河的美好景致。

　　南岸骑行路线在宝安区内约 4.8 公里，在光明区内约 6.9 公里。路线平缓，几无起伏，但还是要注意安全，<u>正确佩戴头盔</u>！

*正确佩戴头盔*

在骑行事故中，头部受伤是导致死亡和重伤的主要原因之一，而头盔可以在事故发生时吸收大部分撞击力，起到缓冲和减震的作用。研究表明，不戴头盔的骑行者在事故中头部受伤的概率是戴头盔者的 2.5 倍。要选择适合头部尺寸的头盔，并且正确佩戴。

河湖骑行道 | 213

**野生水蕨**

凤尾蕨科水蕨属植物，对生态环境比较敏感。

▲ 燕罗湿地公园

## 啤酒花园至南光高速桥底段

从**啤酒花园**骑行约 500 米，可见**洋涌河水闸**横亘于河道，这是茅洲河最高点，兼具水利、环境、休闲、文化功能。晚上灯亮，水闸在天幕下璀璨夺目，是人气很高的网红打卡点。骑至 700 米处，到了**燕罗湿地公园**，公园内种满了美人蕉，**茅洲河展示馆**和**深圳市水上运动训练中心**也在这里。端午节期间，龙舟在宽阔的河面上竞逐。隔河望去，是**亲水活力公园**。

▲ 洋涌河水闸

▲ 深圳市水上运动训练中心

**啤酒花园**　定期举办啤酒文化节、音乐节和啤酒集市。

**洋涌河水闸**　茅洲河最高点。

**茅洲河展示馆**　主展厅面积约3000平方米，集中展示茅洲河污染治理的情况。前身是40多家小散污危企业聚集的工业楼。

**燕罗湿地公园**　呈弯月形，占地面积6.5万平方米。蕴含海绵城市建设理念。

**深圳市水上运动训练中心**　致力于打造深圳一流水上训练基地和广东省体育后备人才培养基地。

**亲水活力公园**　位于茅洲河中部水面开阔处北岸，承担举办大型龙舟赛事活动功能。

▲ 麒麟山公园

▲ 碧道之环

**麒麟山公园**

2009年开放,是一座以生态、休闲为主,兼顾体育活动的城市公园,包括瑞麟呈祥、晓风啼莺、万壑松风、丹石松屿、荷塘垂青、绿梯揽趣等景区。

**碧道之环**

360°环形高空观景台,是茅洲河的绝佳观景点之一。观景台下是透明的全景书吧和咖啡厅。

骑行 1.5 公里到燕川大桥，右转至松罗路，通过鹏鼎人行天桥后往后方骑行，到路口右转重新进入绿道。

宏伟的 碧道之环 位于燕川大桥的西北角，麒麟山公园 则位于燕川大桥的西南方。

▲ 光明深潜水上运动中心

**光明深潜水上运动中心**
以赛艇为主，皮划艇、桨板、龙舟等多种项目结合的综合性水上运动中心。

## 南光高速桥底至周家大道段

前行约 5 公里,到达 光明深潜水上运动中心,旁边是南光绿境公园和南光秘境公园。

▲ 楼村湿地公园

骑行 7.4 公里，来到上村生态公园，这里的碧水微丘驿站经常举办艺术展览。

骑行 8.8 公里，到达左岸科技公园，有廊桥、科技展厅、人工湖、玻璃屋和科技特色"V"形桥。对岸是具有"海绵"功能的楼村湿地公园。此处距自行车制造商喜德盛公司总部不到 3 公里。

沿着河道骑行约 3 公里，一路观鸱鸟、享微风、闻花香，到达周家大道终点。

▲ 左岸科技公园

▲ 上村生态公园

▲ 喜德盛公司

**楼村湿地公园**
雨水被收集到调蓄池，经净化后用于浇灌补给，体现海绵城市"渗、滞、蓄、净、用、排"六字要素。

**左岸科技公园**
有简洁现代的科技展馆与繁茂丰美的草木花卉。

**上村生态公园**
多层次滨水休闲公园带，有篮球场、羽毛球场、休闲步道、骑行道等设施。

**喜德盛公司**
1995 年成立，深耕自行车行业多年，覆盖研发、制造、销售全产业链，产品远销全球。2024 年 12 月 13 日，喜德盛阿斯塔纳车队成立，标志着我国拥有了第一支国际自行车联盟（UCI）世巡赛车队。喜德盛洲际队是国际自行车联盟（UCI）2025 年度首批公布的国内 9 支在册洲际队之一。

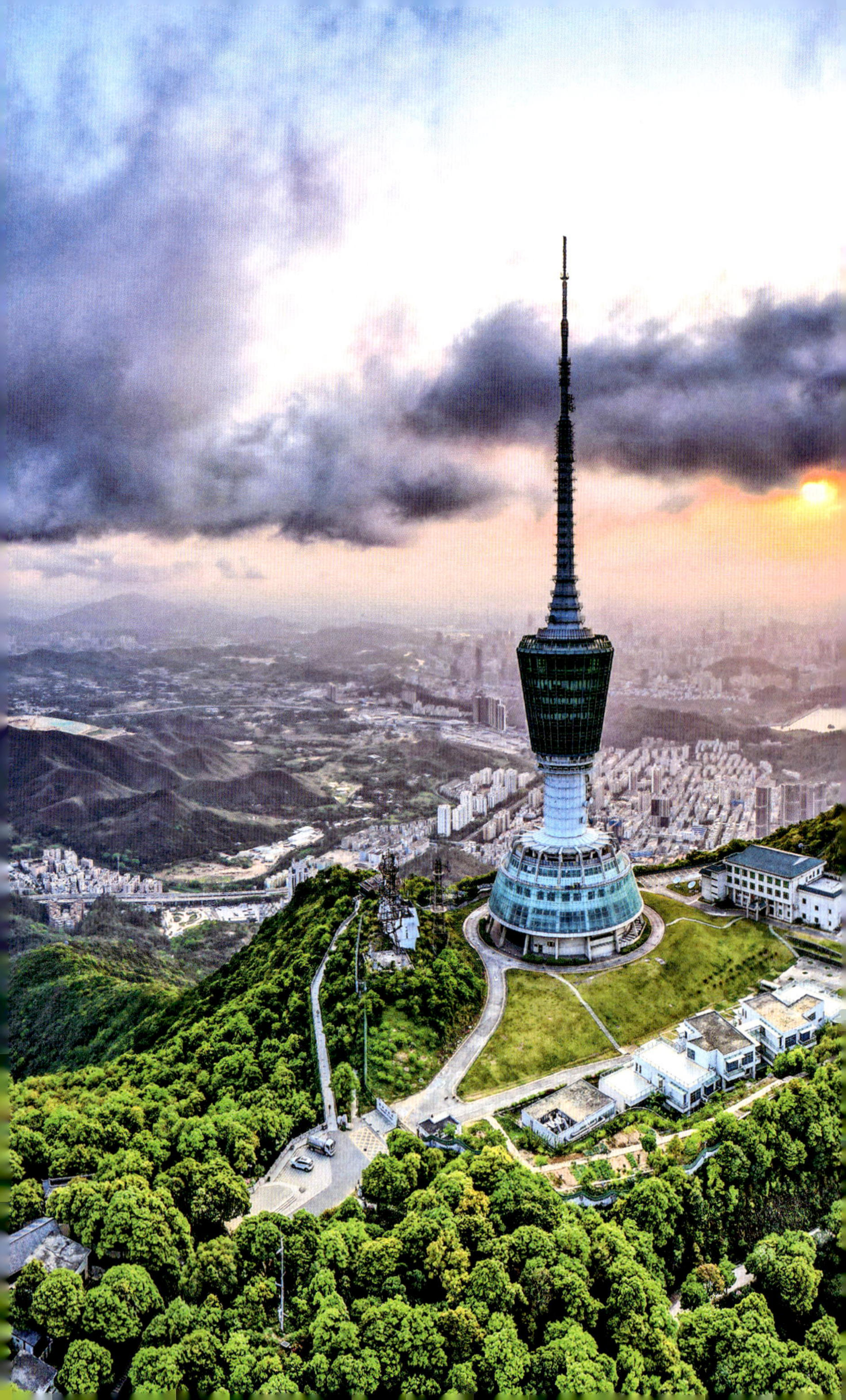

# 山林骑行道

环城绿道阳台山段
梧桐绿道
大顶岭绿道
凤凰山绿道
大运绿道
银湖山郊野径

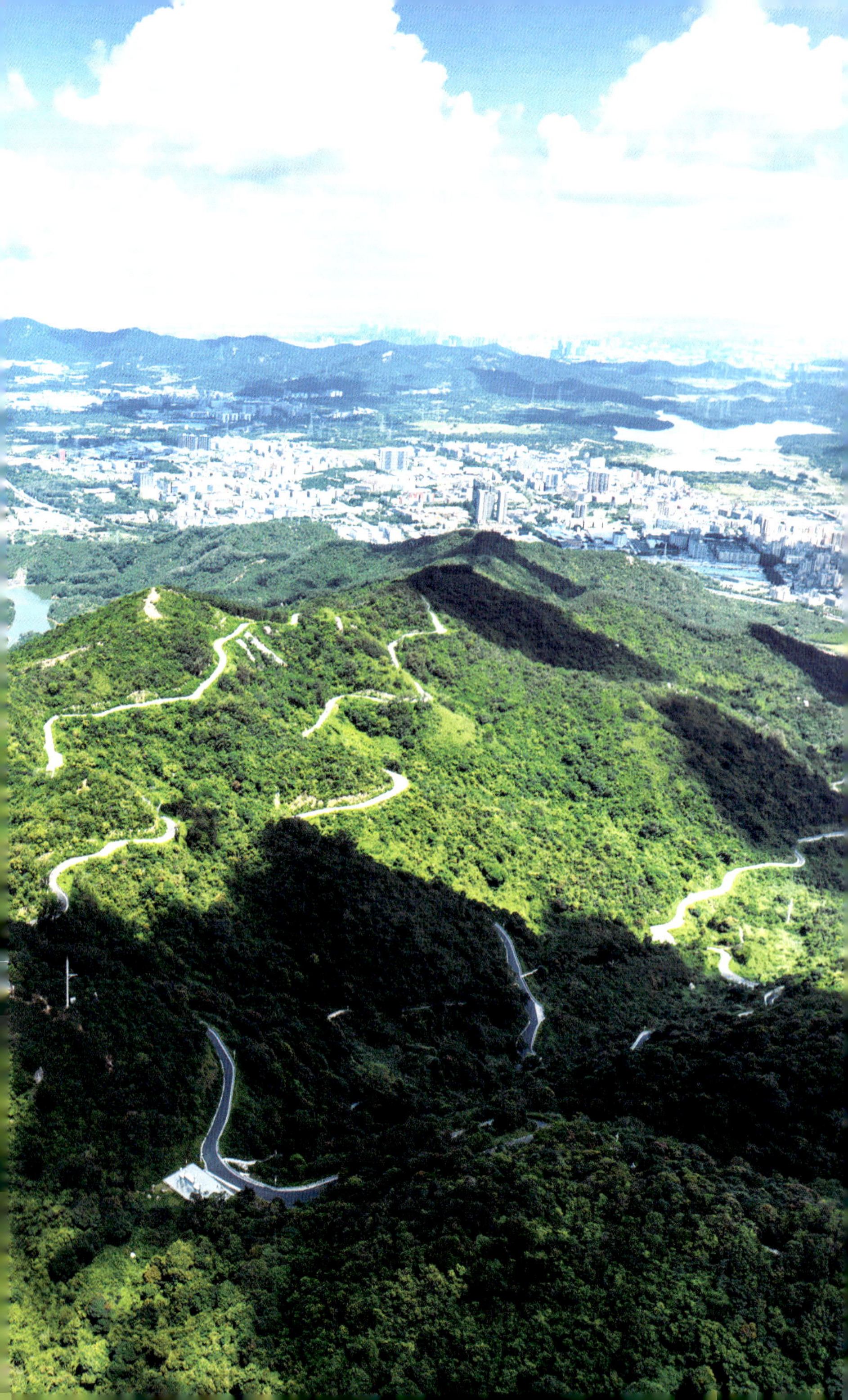

# 环城绿道阳台山段
## Yangtai Mountain Section of the Ring Greenway

## 骑行指南

**路线情况**

长度 12.2 公里，宽度 3 米—4 米，海拔范围 83 米—205 米，累计爬升 168 米，累计下降 127 米。沥青路面，整体平坦，有连续急转弯和陡坡

**推荐入口**

阳台山森林公园（东北门）胜利大营救广场、冷水坑水库

**推荐停车**

阳台山森林公园东北门停车场、冷水坑水库停车场

**配套设施**

遮阳凉亭、观景台、洗手间、长凳、垃圾桶

**开放时间**：06：00—20：30（共享单车禁行）

**适合人群**：身体状况良好，具备一定骑行经验

**适合车型**：所有车型

## 分段及景点

**胜利大营救广场至阳台薪火段**：4.5 公里
**景点**：胜利大营救广场、高峰揽胜、阳台薪火

**阳台薪火至聚龙阁段**：7.7 公里
**景点**：竹径通幽、山水连城、云溪谷、明镜台、原野小站、七仙泉、玉林湾

**骑行评价**

推荐指数 ★★★★☆
观赏指数 ★★★☆☆
难易指数 ★★★☆☆

**雷达指数**

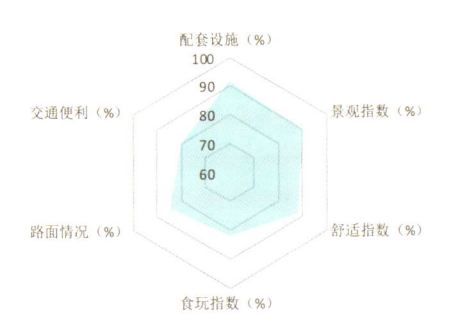

N

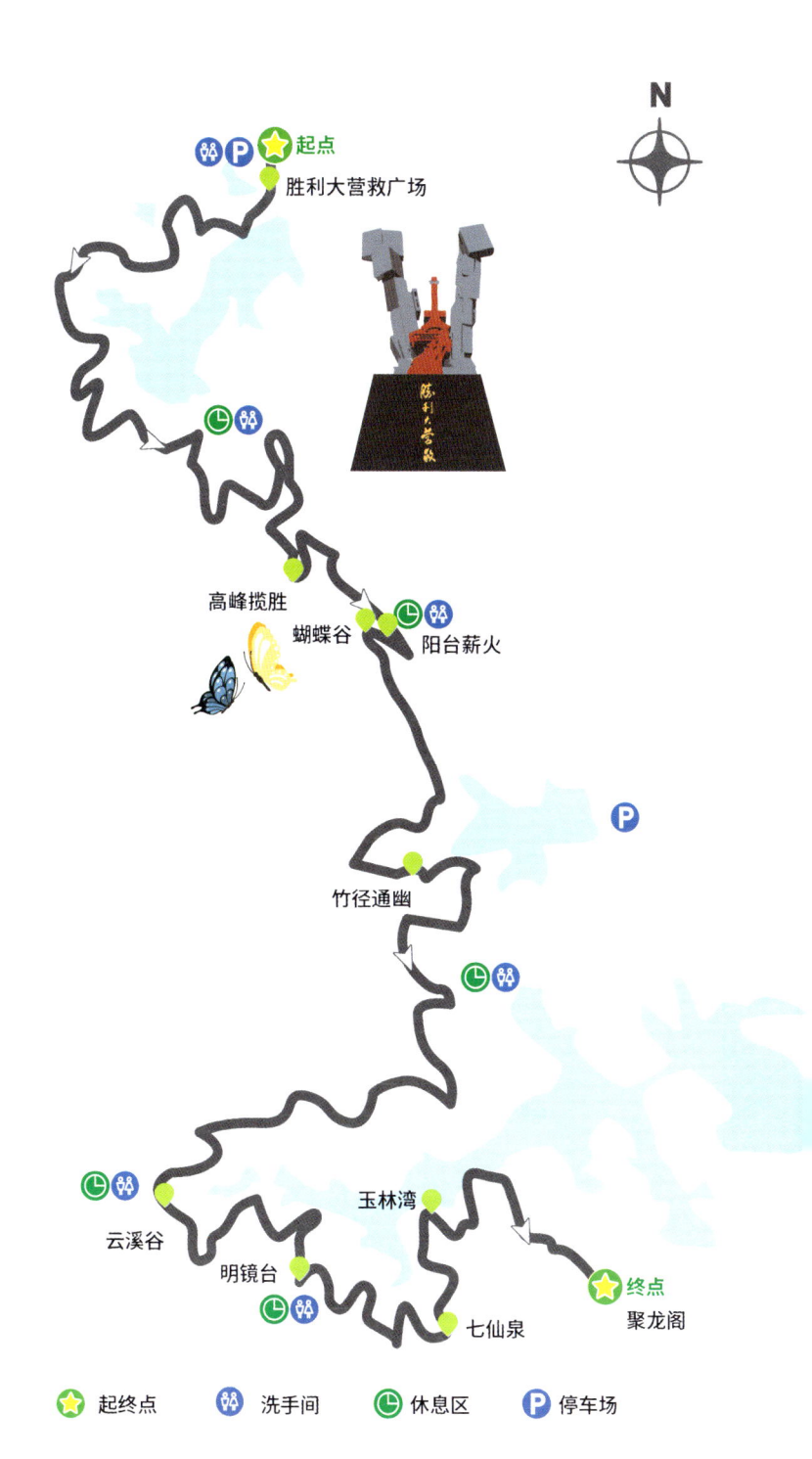

起点
胜利大营救广场

高峰揽胜
蝴蝶谷
阳台薪火

竹径通幽

玉林湾
云溪谷
明镜台
七仙泉
终点
聚龙阁

⭐ 起终点　🚻 洗手间　🕒 休息区　🅿 停车场

▲ 阳台山

▲ 阳台山森林公园

▲ 胜利大营救广场

### 阳台山

面积约28.5平方公里，山体横跨宝安区、龙华区、南山区。它是先民刀耕火种的一方水土——母亲山。它是东江纵队的根据地——英雄山。

### 胜利大营救广场

1941年12月，日军扩大侵占，香港地区沦陷，茅盾、何香凝、邹韬奋、柳亚子、夏衍等文化名人以及爱国民主人士共800余人陷入危险。在中共地下党员和游击队员的护送下，他们从香港神奇"蒸发"，无一人牺牲，无一人被捕。广场的雕塑铭记了这段红色历史。

山林骑行道 | 229

## 骑记

今天骑行的路线，位于有"英雄山"和"母亲山"之称的阳台山。

## 胜利大营救广场至阳台薪火段

骑行起点为大浪文化公园内的胜利大营救广场，广场中央矗立着胜利大营救雕塑。从阳台山文化名人图书馆侧后方平坦的沥青路出发，出发即上坡，可控制呼吸节奏，偶尔起身摇车踩踏。

#### 胜利大营救雕塑
以"笔杆子和枪杆子"为主题，由45本"书"组成。

#### 大浪文化公园
以红色文化和客家文化为主题。

#### 阳台山文化名人图书馆
以文化名人大营救为主题，包括部分文化名人的照片、当时的标语、报纸以及战斗场景。大营救情况也可在白石龙村的中国文化名人大营救纪念馆了解。

#### 白石龙村
抗日战争时期，白石龙村有"小延安"之称。广东人民抗日游击队指挥部、中共宝安县委均设在此地，建有后方医院、兵工厂、报社、税站等。

▼ 大浪文化公园

▲ 胜利大营救雕塑

### 深坑

被营救的文化名人陆续撤离香港到达阳台山后,游击队在半山腰的深坑、蕉窝及杨美村搭起了草寮,将他们分散隐蔽。邹韬奋、茅盾夫妇、胡绳夫妇等人住进了深坑草寮。后来,杨美村和蕉窝两处的文化名人也陆续搬来。

### 高峰揽胜

也称揽胜台,利用绿道转弯地势设计360°悬空观景台,其悬挑部分采用玻璃铺装,更添几分惊险刺激。

骑行路上，鸟鸣声声，山花烂漫。特别是炮仗花累累成串、橙红耀眼，带着肆意昂扬的味道。

骑行 2.6 公里，爬升 64 米，眼前出现一条曲折的架空栈道，犹如一条盘旋静卧在山谷间的巨龙。栈道中有天然巨石，仿佛远古神龙遗留的一枚巨蛋，让人浮想联翩。

骑行 3.7 公里，爬升 115 米，毫无倦意，有起伏的道路才更能增加骑行的乐趣。道路左侧出现一条玻璃栈道，高峰揽胜（又名揽胜台）到了。

从揽胜台继续骑行 800 米，就到了深坑。这是一处山窝，一条溪水从山坑边蜿蜒流过。深坑旁，有一个非常浪漫的地方叫"蝴蝶谷"，此处建有绿道党群服务驿站。

### 蝴蝶谷

天然溪谷，被山体环抱，依山形起伏设计的木栈道是小憩的绝佳场所。蝴蝶品种有波纹眼蛱蝶、中环蛱蝶、檗黄粉蝶、斑凤蝶等。

### 波纹眼蛱蝶

蛱蝶科眼蛱蝶属。翅正面淡灰褐色，多褐色波纹状线，内半部橘红色，外半部黑色，围有白圈和褐圈。

### 中环蛱蝶

蛱蝶科环蛱蝶属。体背面黑色，腹面苍黄色。翅表面黑褐色，斑纹白色，外缘波状并有白色缘毛；翅展开时显示3列由大小斑纹组成并两翅相连的白色带。

### 檗黄粉蝶

粉蝶科黄粉蝶属。雄蝶黑白相间（端部几节除外），胸部和腹部黄色，上部很暗。雌蝶形态与雄蝶相似，翅面底色呈淡柠檬黄色，反面颜色更浅。

### 斑凤蝶

凤蝶科斑凤蝶属。成虫常见于低海拔平地及丘陵地，飞行缓慢，飞行能力强，在季风来临的晴天时，飞翔数小时才休息。

▲ 绿道党群服务驿站

▲ 波纹眼蛱蝶

▲ 中环蛱蝶

山林骑行道 | 235

▲ 檗黄粉蝶　　▲ 斑凤蝶

▲ 竹径通幽

### 山海连城
欣赏城市景观和自然山水交融的最佳地点。日观半城半山一水间,夜赏半星半月阑珊处。

## 阳台薪火至聚龙阁段

从深坑继续向南，是缓坡下行路段。滑行 1.8 公里，下降 18 米，至一转弯处，见一竹制门廊如飞鸟般轻盈上扬，婆娑的竹影掩映着栈道通向幽深处。

继续顺势而下 200 米，至三岔路口，左侧道路骑行 900 米可达冷水坑水库，右侧道路骑行 2.3 公里可达羊台叠翠景点，中间道路是此次的骑行线路。

现在开始缓上坡路段，微风轻拂，骑行 1.1 公里，山海连城景点到了。

▲ 明镜台

    从山海连城向上骑行 300 米后，开始 1 公里的长下坡。驾驭着单车，体验着重力的奇妙，如御风飞行。下降海拔将近 100 米后，来到云溪谷驿站。

    从云溪谷继续骑行，爬升 33 米至 9.8 公里处，是阳台山的第二个玻璃栈道——网红打卡点"望穿秋水"，又名明镜台①。

山林骑行道 | 239

▲ 云溪谷驿站

**明镜台**

"菩提本无树,明镜亦非台。"登上明镜台,四周重峦叠嶂,满目绿意尽收眼底。

**云溪谷驿站**

驿站后的小溪水流清澈,溪边有石桌,是理想的野炊场所。

▲ 原野小站

### 七仙泉
小桥悠悠,溪水潺潺,青山绿树,景亭雅致。相传古时大旱,有七位美丽善良的姑娘不辞劳苦登阳台山顶祈雨,被嶙峋的岩石磕破滴血,血流之地长出一棵七枝相依的香樟树,从此阳台山泉水涓涓。

### 原野小站
采用纯原木打造,木质墙板上挂有多个自行车轮胎,更增添了几分骑行元素。

### 玉林湾
凭栏远眺,宁静的湖面,叠嶂的山峦,可谓"疑是水仙梳洗处,一螺青黛镜中心"。

### 望龙坡
高铁呼啸而过时,能近距离地感受到现代科技的魅力与速度所带来的强烈震撼。

▲ 望龙坡

　　继续骑行 1.2 公里，一座木质驿站出现 —— 原野小站。迎着微风骑行 800 米平路，来到有着美丽传说的七仙泉。优美的风景一路相伴，仿佛置身梦幻之中。

　　11.2 公里处是观赏高峰水库景色的最佳平台玉林湾。"寻遍羊台云深处，最美不过玉林湾。"从玉林湾向前骑行约 500 米，到达一弧形小坡，人称"望龙坡"，可近距离体验高铁呼啸。

　　从望龙坡向前骑行 500 米左右，即可到达终点聚龙阁。踏勘时聚龙阁尚在建设，通往福龙路的道路处于封闭状态。顺道而下，出阳台山森林公园东 3 门到达务实路，附近有诸多地道小吃，是休息补给的好去处。

张秋雄 摄影

梧桐绿道

Wutong Greenway

## 骑行指南

**路线情况**
长度 13.5 公里，宽度 1.5 米—3 米，海拔范围 2 米—92 米，累计爬升 132 米。沥青路、水泥路、砖铺路、石板路、木栈道，骑行道单独设计，部分路段与行人混行

**推荐入口**
罗湖体育休闲公园南门（延芳路出入口）、横沥口水库大坝

**推荐停车**
东湖公园二号门停车场、东湖公园南侧停车场、梧桐山艺术小镇停车场

**配套设施**
长凳、洗手间、遮阳凉亭、自助售卖机

**开放时间**：06:00—23:00
**适合人群**：身体状况良好，具备一定骑行经验
**适合车型**：所有车型

## 分段及景点

**罗湖体育休闲公园南门至仙湖驿站段**：5.5 公里
**景点**：罗湖体育休闲公园、阳光儿童乐园、万佛禅寺、松亭山遗址、东湖公园、深圳水库

**仙湖驿站至大望社区健康服务中心段**：3.7 公里
**景点**：仙湖植物园、弘法寺

**大望社区健康服务中心至横沥口水库大坝段**：4.3 公里
**景点**：梧桐山博雅馆、梧桐文体公园、梧桐山艺术小镇

**骑行评价**
推荐指数 ★★★★☆
观赏指数 ★★★★☆
难易指数 ★★★☆☆

**雷达指数**

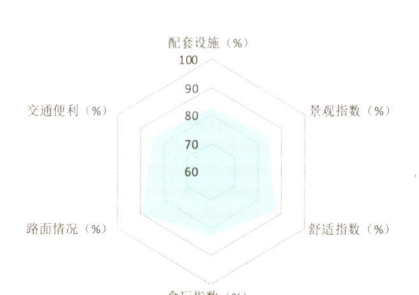

N

梧桐山艺术小镇

终点
横沥口水库大坝

仙湖植物园

弘法寺

深圳水库

松亭山遗址
万佛禅寺
罗湖体育休闲公园南门
起点

起终点　　洗手间　　休息区　　停车场

▲ 梧桐山

## 🚲 骑记

　　游鳞戏沧浪，鸣凤栖梧桐——深圳水库是深圳的饮用水源，梧桐山是深圳的最高峰，梧桐绿道就穿行在这两者之间，全长约 13.5 公里，串联了一路山水，也串联了罗湖体育休闲公园、万佛禅寺、弘法寺、梧桐山艺术小镇的一路文化。

## 罗湖体育休闲公园南门至仙湖驿站段

　　罗湖体育休闲公园是东湖公园的一部分，骑行从南门开始，骑行约 200 米就到了万佛禅寺，对面是暖蜂驿站。

### 梧桐山

国家级风景名胜区，山海湖一体，景城相融，纵览深港。景区三大主峰分别是小梧桐、豆腐头、大梧桐。其中大梧桐海拔 943.7 米，为深圳第一高峰。

▲ 东湖公园

▲ 罗湖体育休闲公园

▲ 万佛禅寺

### 东湖公园
原名"水库公园",1966年面向社会大众开放,1984年10月改名为"深圳市东湖公园"。已开发面积约153万平方米,建成多个景点。

### 罗湖体育休闲公园
占地面积约17万平方米,其中绿化面积约11.5万平方米,运动场地面积约1.4万平方米。分别与深圳水库、梧桐山仙湖植物园、水库林场、东湖公园等相连。

### 万佛禅寺
由原"东方神曲"景区改造而成。禅寺供奉泰国赠送的四面佛,四面佛的四个面分别代表事业、平安、财运、姻缘。

### 深圳水库
库容量达 4577 万立方米，是深圳、香港两地重要的饮用水源。

### 松亭山遗址
可追溯到商代晚期至西周早期，占地面积约 4000 平方米。在遗址中发现了大量的石器工具和一些精美的陶器片。

山林骑行道 | 251

　　继续骑行200米，左边是**松亭山遗址**，它的历史可以追溯到神秘而遥远的商周时期。
　　骑行到1.7公里处，映入眼帘的是**深圳水库**的一泓碧水。沿着蜿蜒的绿道前行，陆续经过鸣翠亭、望峰亭、揽胜亭、怡心亭、静心亭、养心亭、憩心亭，眼前景致不断变换。舒心轻畅中，很快就到了5.5公里处的仙湖驿站。

▲ 弘法寺

## 弘法寺
依山拾级而建，建筑面积3万余平方米。沿中轴线自下而上依次建有：山门殿、天王殿、佛教文化展览楼、大雄宝殿、藏经楼。两边及侧面分别建有客堂、祖师殿、伽蓝殿、钟鼓楼、观音殿、地藏殿、功德堂、方丈楼、退居楼、卧佛殿、斋堂、禅院、僧寮、客寮、云水堂等。其中的斋堂是目前国内最大的斋堂之一。雄伟的大殿、秀雅的卧佛殿、质朴的禅堂、俊巧的山门殿，斗拱飞檐，层层叠叠。

## 白兰
喜光，不耐严寒。花洁白清香，夏秋间开放，花期长。

## 鸡蛋花
树形美观，全株茎干含有乳汁，耐寒性差。落叶后光秃的树干弯曲自然似盆景，有很强的观赏性。

## 龙船花
又名英丹、水绣球。植株低矮，花叶秀美，开花密集，花色丰富。花期较长，每年3—12月均可开花。

## 仙湖驿站至大望社区健康服务中心段

在仙湖驿站短暂休整后继续向前骑行，这段路就在**仙湖植物园**的边上。一路繁花似锦，**白兰**、**鸡蛋花**、**龙船花**……层层叠叠，欲迷人眼。在阵阵清新的花香中，隐约夹杂着丝丝的古韵檀香——不远处**弘法寺**传来的香火。

骑过5.9公里处的木制仙湖桥，路线逐渐远离仙湖植物园的范围，开始进入大片的林果场。骑过几段木制栈道后离开果林，到了9.2公里处的大望社区健康服务中心。

▲ 仙湖植物园

▲ 白兰

▲ 鸡蛋花

▲ 龙船花

### 仙湖植物园

占地面积约668万平方米。以山环水抱的"仙湖"为全园中心，因地制宜、随势生机、巧于因借、因境成景，达到"极目所至、晴峦耸秀、绀宇凌空"的景观效果。

▲ 梧桐山艺术小镇

**梧桐山艺术小镇**
总体规划是将梧桐山村等7个自然村打造成集文化、创意、艺术、旅游为一体的"艺术小镇"，面积约为31.82平方公里。在这条由百年老街改造而成的艺术街上，遍布街巷的涂鸦、各具特色的门面，吸引了不少游客的目光。随着小镇内的文化艺术时尚韵味渐浓，越来越多的艺术家聚居在这里。

**梧桐山博雅馆**
创意产业园区和科教文化场所，1号馆以古典家私、家饰精品、精品国画等为主题，2号馆以黄金珠宝和古玩为主题。

## 大望社区健康服务中心至横沥口水库大坝段

　　沿着梧桐山河向东骑行，到达 11.6 公里处，见一徽派建筑——梧桐山博雅馆，从它的侧面过桥，进入梧桐文体公园，这里也是梧桐山艺术小镇的组成部分。离开小镇，在 12.3 公里处过桥回到梧桐山河南岸，便到了梧桐山的大门，白色的牌坊高大宏伟。继续沿河道骑行 1.2 公里，抵达终点——横沥口水库大坝。

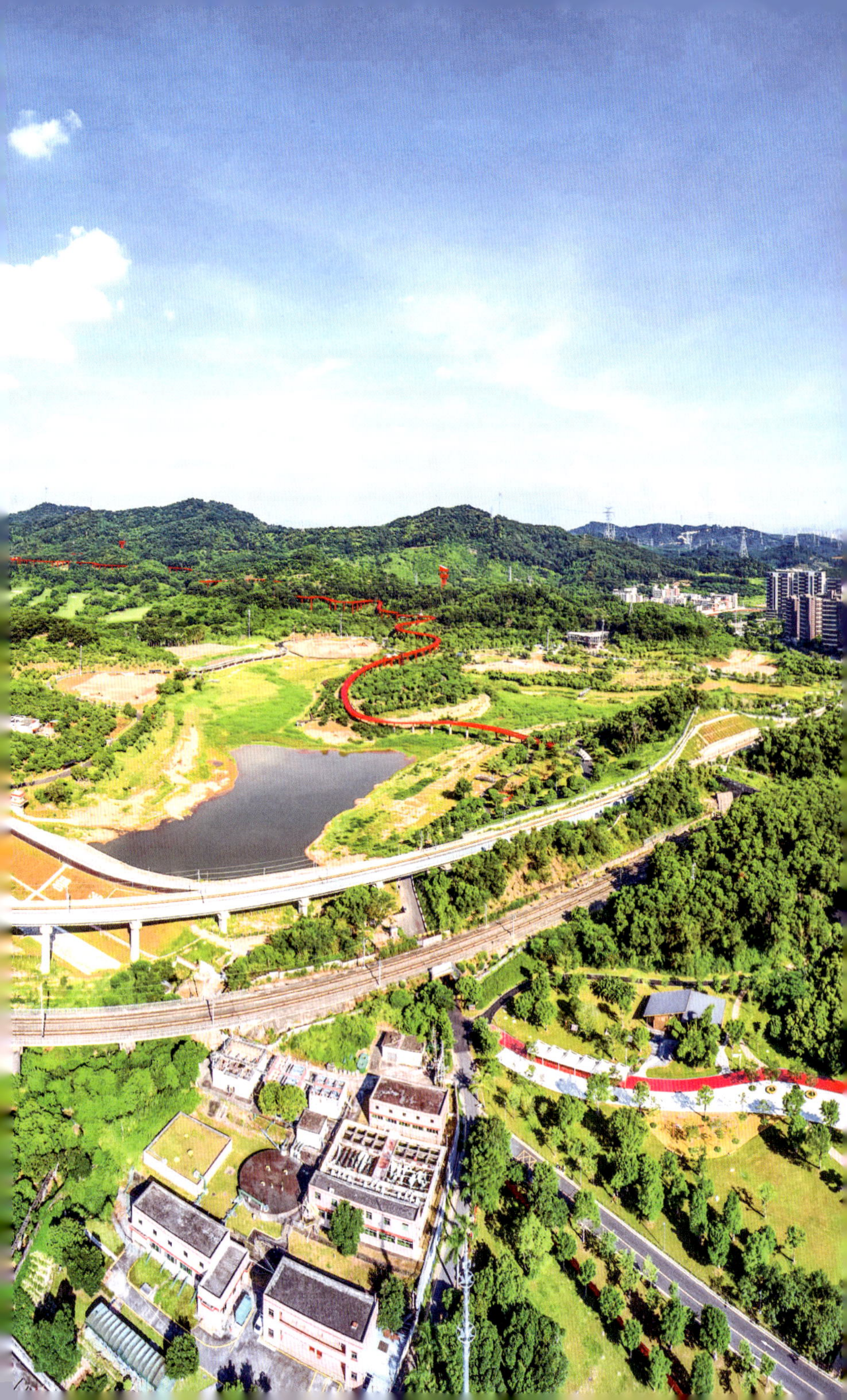

大顶岭绿道

Dadingling Greenway

## 骑行指南

**路线情况**
长度 9.6 公里，宽度 2 米—6 米，海拔范围 47 米—178 米，累计爬升 168 米。沥青路面，有长距离缓坡，有急转弯，骑行道单独设计，部分路段与行人混行

**推荐入口**
光灿路光明滑草场正门左侧、大顶岭绿道观光北路、虹桥公园科泰路

**推荐停车**
光明农场大观园停车场、虹桥公园停车场、大顶岭绿道观光北入口停车场

**配套设施**
饮水点、洗手间、长凳、遮阳凉亭、自助售卖机、网络音频求助报警终端

**开放时间：** 07：00—18：00（共享单车禁行，周六、日及节假日自行车禁行）

**适合人群：** 身体状况良好，具备一定骑行经验

**适合车型：** 所有车型

## 分段及景点

**光明滑草游乐园至观光路段：** 6.0 公里
**景点：** 浮桥、探桥、终点塔、悬桥

**观光路至虹桥公园段：** 3.6 公里
**景点：** BMX 自由竞速场地、虹·自然教育中心

**骑行评价**
推荐指数 ★★★★☆
观赏指数 ★★★★☆
难易指数 ★★☆☆☆

**雷达指数**

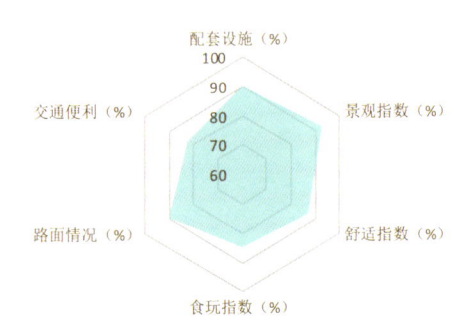

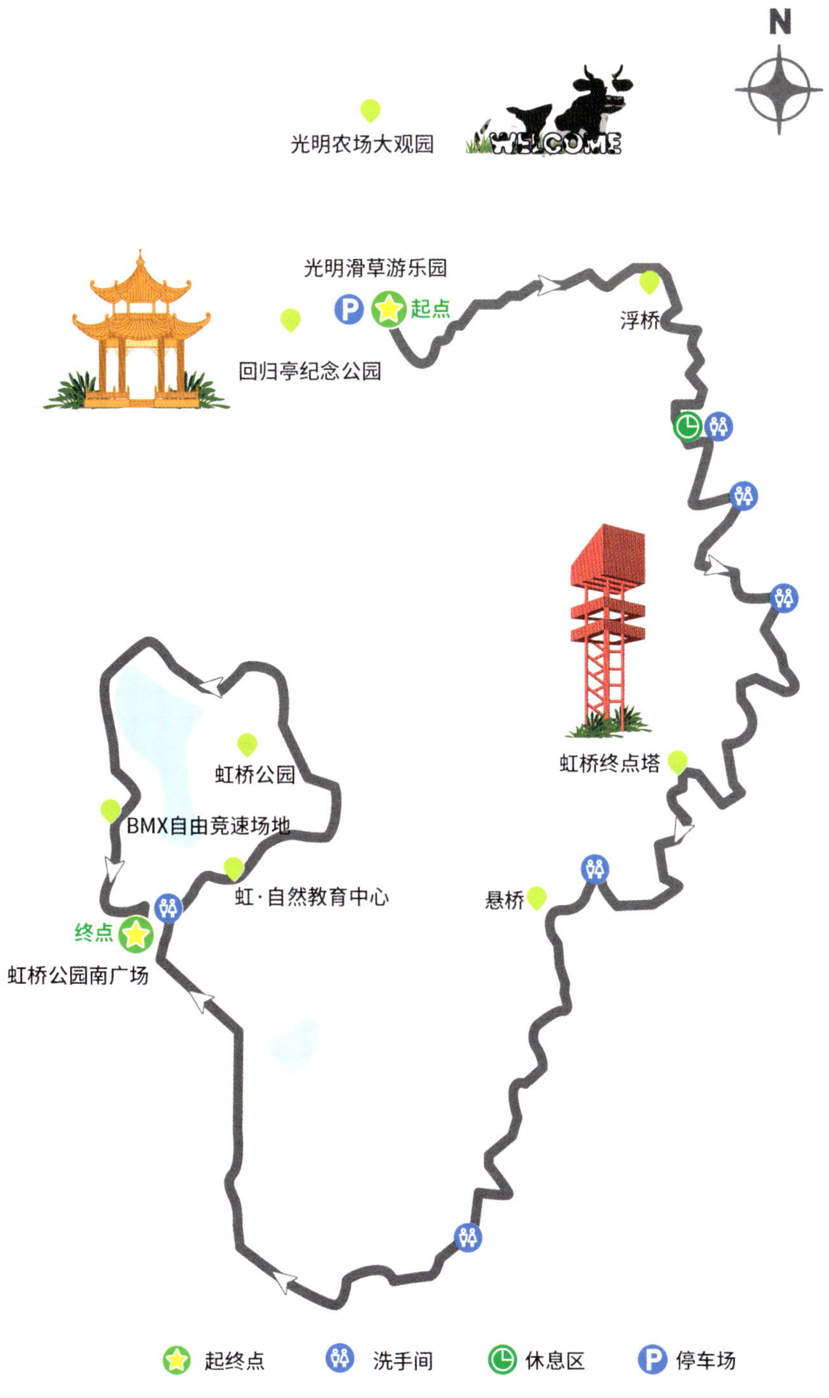
N
光明农场大观园
WELCOME
光明滑草游乐园
起点
回归亭纪念公园
浮桥
虹桥终点塔
虹桥公园
BMX自由竞速场地
虹·自然教育中心
悬桥
终点
虹桥公园南广场
起终点
洗手间
休息区
停车场

## 骑记

这条骑行道位于光明科学城中心区。大顶岭爬坡起伏，虹桥公园平缓绕圈，全长9.6公里，途经浮桥、探桥、悬桥、虹桥四座网红桥。水库、山林和城市紧密相连，满目苍翠。

▲ 大顶岭

**光明科学城**
规划总面积99平方公里，空间布局为"一心两区，绿环萦绕"。"一心"即光明中心区，"两区"为装置集聚区和产业转化区，"绿环萦绕"指以茅洲河绿廊和周边郊野公园为主体建设活力绿环。

**大顶岭**
大顶岭森林公园里的三座景观桥是亮点。浮桥为玻璃桥，是森林上空的步道。探桥是利用山体地势差修建的环形栈道，通往低洼处的水潭。悬桥横跨山谷，游客行走时会感觉到桥的脉动。

**虹桥**
全程约4公里，每隔350米就有直达地面的出入口。采用中国红作为主色调，仿佛凌湖驾绿的红色飘带。可远眺光明中心区，感受自然与城市的完美融合，也是欣赏日出日落的绝佳场所。

▲ 虹桥

## 光明滑草场至观光路段

从光明滑草游乐园正门左侧入口向西北骑行 400 米,是回归亭纪念公园,约 500 米可达光明农场大观园,约 2 公里可达光明小镇欢乐田园。骑行前先来一场刺激的滑草比赛,或者登回归亭远望,也是不错的体验。

### 光明滑草游乐园

占地面积约 3 万平方米，是集运动、休闲、观光为一体的生态旅游园区。

### 回归亭纪念公园

1997 年，香港回归祖国怀抱，深港渔农界群贤捐资兴建香港回归亭。回归亭重檐六角，高 13 米，雕梁画栋，气派巍峨。从山腰至回归亭筑 97 级石阶，亭下四周植 1997 棵荔枝树。公园小道环绕，呈"回"字，寓意"回归"。

### 光明农场大观园

现代农业休闲观光旅游区，包括奶牛示范基地、蚕桑文化科普基地、奇异瓜果世界、特种养殖展示基地、生态果园等主题区域。

### 光明小镇欢乐田园

依托基本农田打造的都市现代休闲农业示范区，适合亲子游玩、拍照打卡。

▲ 浮桥

### 探桥
长 20 米的悬挑形成伸向水潭的平台。

### 软枝黄蝉
多年生常绿植物。花蕾的形状及颜色似即将羽化的蝉蛹，枝条柔软。花期 4—10 月。

### 假苹婆
花色淡红，花期 4—6 月。

### 浮桥
离地最高处达 35 米。桥上有三个环形观景台，最大的直径约 50 米，最小的直径约 20 米。可 360°欣赏山谷、湖泊，远望城市天际线。桥体夜间会发光，仿佛黑夜中的漂浮光带。

山林骑行道 | 265

▲ 探桥

▲ 假苹婆

  绿道依山而建，阳光透过树叶缝隙洒在地面，微风拂过，丝丝清凉。一开始便是爬坡，骑行 1 公里，就看到三个洁白大圆环悬浮在空中，这就是浮桥。

  别过浮桥，奋力踩踏，骑行到 2.3 公里处，从弯道往下张望，便见一巨大"球拍"遗落山间，"拍柄"延伸入一潭绿水，这便是探桥。

  从探桥继续沿坡道骑行，花儿迎风招展，软枝黄蝉、假苹婆各有特色。

▲ 终点塔

### 电助力自行车
用电池作为辅助动力，装有电机和动力辅助系统，通过力矩传感器和电机控制器协作完成助力加速。

3.5 公里处，一座醒目的红色高塔屹立眼前，名为**终点塔**，它是虹桥的终点，但不是爬坡的终点。这一段不算很陡，但对于不常运动的人来说还是有点吃力，如果选用**电助力自行车**就会轻松很多。

骑行不远，有洗手间、歇凉亭、饮水点和自动售卖机。看着虹桥鲜亮的中国红，心境开阔，思量着要猛蹬几步，赶去下一个风景。

接下来是下坡骑行，假鹰爪、大花紫玉盘相伴路旁，山间飘来微甜花香，伴着虫鸣鸟叫。骑行途中也偶见豹猫、果子狸等野生动物出没。爬坡时的汗水被清风带走，妙不可言。

**悬桥**

国内首个大跨钢板带索结构桥，主跨部分 63.8 米，桥体设计允许 15 厘米的振幅。桥两侧悬挂着装饰性金属件，行走其上清风拂面，风铃清脆。

至 4.3 公里处，出现一条长度约 100 米的**悬桥**，连接着脚下的绿道与对面的荔枝林。不妨停下车，上桥感受风的律动。

离开悬桥，是一段 550 米的急爬升。随之是 1.1 公里的畅快下行，轻握刹车，顺势而下，沿途蓝花丹、南美蟛蜞菊迎风起舞，伴随着骑行者。

▲ 虹桥公园

### 虹桥公园
占地面积约 410 万平方米。规划为"一轴三区",以 4 公里长的空中红色栈桥为主轴,串联入口区、碧湖区及森林区。 环湖建有 BMX 自由式小轮车场地、滑板场、碗池、山地自行车赛道等。

### BMX 自由式小轮车项目
2017 年 6 月,国际奥委会将 BMX 自由式小轮车项目列为 2020 年东京奥运会正式比赛项目。

### 虹·自然教育中心
位于虹桥公园碧湖区,包括自然生态展馆、森-书房、自然教室和监测中心。

## 观光路至虹桥公园段

从大顶岭山林公园南门出来后右转入观光路,骑行约 300 米,经过华强创意公园,右转入科泰路,再骑行约 1 公里,到达**虹桥公园**南出入口,顺时针骑行开始环湖之旅。

骑行一圈约 2.5 公里,串联了 **BMX 自由竞速**等运动场地。即将完成环湖之际,**虹·自然教育中心**映入眼帘,它造型独特,犹如点睛之笔。

最后,绕过大草坪回到公园南出入口。

这条线路适合举行公路自行车绕圈赛。近几年,深圳市青少年自行车锦标赛及海峡两岸暨港澳自行车骑行赛等都在此举行。

**新城公园**与虹桥公园隔光桥路相望,从南出入口骑行到迳口古村 10 分钟可达,可参观**黄氏宗祠**、**迳口炮楼**等历史建筑。

周边有众多美食佳肴等待你去品尝!

▲ BMX 自由竞速场地

▲ 虹·自然教育中心

▲ 迳口村全景

▲ 新城公园

▲ 麒麟舞

▲ 迳口炮楼

▲ 黄氏宗祠

迳口村　距今已有800多年历史，曾是东江纵队的驻地。

新城公园　规划建设面积约49万平方米。以山、林、塘、田等自然资源为依托，有"一场、两山、五坡、十八景"。

麒麟舞　300年前迳口村就有舞麒麟的风俗。每逢春节、元宵节、中秋节等传统节日，村民们会舞动麒麟来迎祥纳福，祈求风调雨顺。

迳口炮楼　建于民国时期，是光明区文物保护单位。

黄氏宗祠　始建于南宋末年，已有800多年历史。红墙黛瓦，挑檐画壁。每年重阳节前一周，黄氏族人会在此祭祀。

▲ 光明乳鸽

▲ 公明烧鹅

▲ 光明甜玉米

▲ 公明烧猪

▲ 光明牛初乳

▲ 公明腊肠

光明乳鸽  选用25天左右、净重约6两的乳鸽烹制。皮脆、肉嫩、骨香，鲜美多汁，浓香中带有轻微的甘甜。

公明烧鹅  1939年，楼村陈阿煲首创。其色金黄鲜亮，其味脆嫩可口，肥而不腻，香味浓郁。

光明甜玉米  颗粒饱满，汁水充盈，鲜甜脆嫩。

公明烧猪  1941年，下村陈铁林首创。选用50斤到80斤的整猪烹制，皮松脆、骨酥、肉香。

光明牛初乳  奶牛生产后72小时内分泌的乳汁，营养丰富，口感滑腻，奶香浓郁。

公明腊肠  1955年，公明村周山首创。色泽鲜明，鲜甜可口。

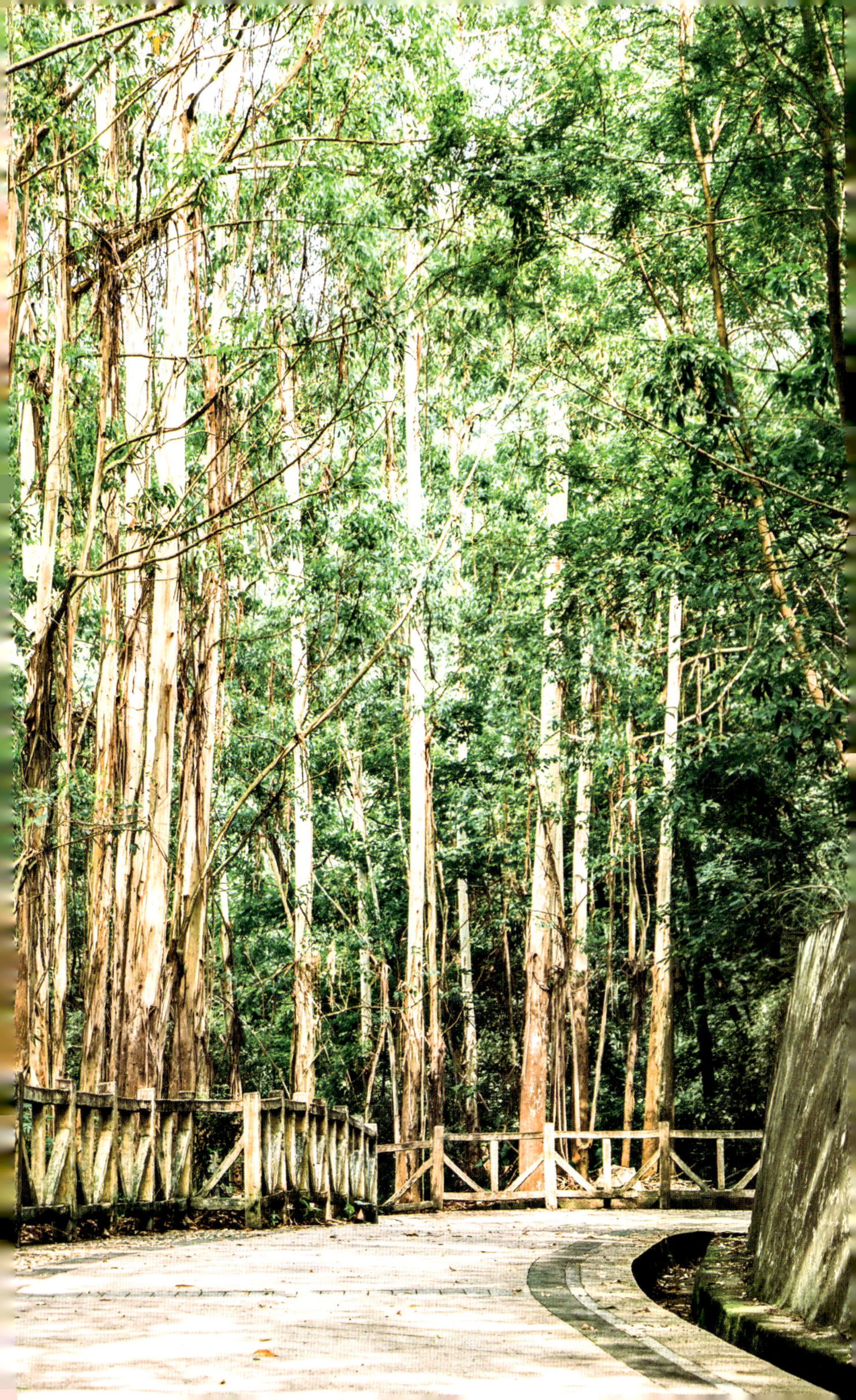

# 凤凰山绿道

**Phoenix Mountain Greenway**

## 骑行指南

**路线情况**

长度 10.5 公里，宽度 2.5 米—4 米，海拔范围 21 米—212 米，累计爬升 185 米。
砖铺路、沥青路、水泥路

**推荐入口**

凤凰山大道（凤凰山森林公园停车场旁绿道入口）、深圳东方英文书院西北门

**推荐停车**

凤凰山森林公园停车场（凤凰山广场）、凤凰山绿道停车场（深圳东方英文书院）

**配套设施**

洗手间、长凳

**开放时间**：07∶00—19∶00（共享单车禁行）

**适合人群**：身体状况良好，具备一定骑行经验

**适合车型**：所有车型

## 分段

**凤凰山森林公园停车场旁至深圳东方英文书院**：10.5 公里

**骑行评价**

推荐指数 ★★★★☆
观赏指数 ★★★☆☆
难易指数 ★★☆☆☆

**雷达指数**

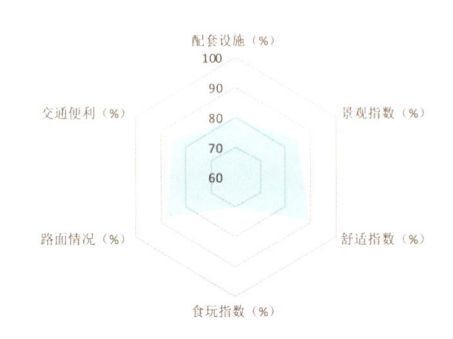

凤凰山森林公园停车场旁
🅿 ⭐ 起点
📍 凤凰广场
宝安人才林公园

博商林

博商林

凤岩古庙

龙王古庙

望烟楼

终点
深圳东方英文书院

⭐ 起终点　🚻 洗手间　🕐 休息区　🅿 停车场

▲ 凤凰山

## 骑记

　　荔林仙境留过客，凤凰居处遍春风——深圳人对凤凰山有特殊深厚的感情，在山下的凤凰广场凭歌起舞，到山顶的凤岩古庙纳瑞迎祥。山上的凤凰仙洞、龙袍挂壁有着古老的传说，登上望烟楼更可俯瞰村落。

山林骑行道 | 277

凤凰山

主峰海拔 376 米，规划面积约 27.7 平方公里。山清水秀，风景宜人。

▲ 凤凰广场

▲ 凤岩古庙

▲ 望烟楼

### 凤凰广场
位于凤凰山森林公园入口处，环境优美、空气清新。

### 凤岩古庙
为纪念文天祥而建。三面环山，一面临海，有烟楼晚望、鸡心修竹、石乳清湖、莺石点头、净瓶洒露、长寿仙井等景点。

### 望烟楼
位于凤凰山顶峰。

### 凤凰仙洞
凤凰山中有一天然石岩洞，称作"仙洞"，仙洞内供奉观音像。

### 龙袍挂望
据传，宋帝昺经过此地，在大石旁休息，把龙袍脱下，晾在大石上，龙袍的龙纹便印于石上。

▲ 文昌塔

绿道起点在凤凰山森林公园停车场边上，周边游玩的地方不少，东北约 500 米是生态草莓园，北面约 650 米是凤凰山生态园，可野炊、烧烤。西北约 1.7 公里有凤凰古村和文昌塔。

从起点出发，骑行 400 米，就是以"凤凰于栖，汇才成林"为主题的宝安人才林公园，配备了驿站和洗手间。

▲ 凤凰古村

凤凰古村
现有古建筑 360 座，占地面积 5.2 万平方米，九成以上居民为文姓。

文昌塔
始建于清嘉庆二十一年（1816 年），青砖砌造，塔高六层，约 20 米。

### 爬坡分级

爬坡难度的等级划分——

4 级爬坡（CAT.4）：平均坡度小于 5%（2.86 度），持续上坡距离低于 3 公里；
3 级爬坡（CAT.3）：平均坡度达到 5%（2.86 度），持续上坡距离达到 5 公里；
2 级爬坡（CAT.2）：平均坡度达到 4%（2.29 度），持续上坡距离达到 5—10 公里；
1 级爬坡（CAT.1）：平均坡度超过 5%（2.86 度），持续上坡距离达到 10—20 公里；
HC 级爬坡：平均坡度超过 8%（4.6 度），持续上坡距离达到 15—20 公里。

▲ 爬坡车辆的选择

### 爬坡车辆的选择

在良好铺装路面爬坡骑行，可选择带有前后变速系统的公路自行车、山地自行车和旅行车三种。其中，山地自行车要选择硬架（没有后避震系统）和前叉避震可以锁死的，这样能最大程度减少"泄力"（避震系统在爬坡时的伸缩造成的额外能量损耗）。车胎最好选择胎面（与地面接触面）较窄的规格，选择较为细碎和光滑的胎纹能减少轮胎的滚动阻力，但同时摩擦力也会降低，影响一定的刹车效能，因此需要根据具体的路面情况进行权衡。

轮径较小，甚至只有后变速系统的折叠车、小轮车就不太适合用于爬坡。而且它们的重心比较高，下坡时如果控制不当，翻车的概率会更大。

山林骑行道 | 283

　　再骑行 300 米，到达岔路口，左拐过桥，便离开了沥青路，进入彩色砖铺路面，开始长达 2.5 公里的爬坡，爬升高度 166 米，平均坡度 6%，虽然挺陡，但因为距离较短，在<u>爬坡分级</u>里也只是介于 4 级和 3 级之间，并不算难。不过，对于很多新手车友来说还是会有压力，因此，<u>车辆的选择</u>和掌握<u>变速技巧</u>就显得尤为重要了。如果不在这个路口左拐，向前继续骑行约 1.4 公里可到达龙王古庙。

▲ 变速技巧

### 变速技巧

自行车的变速系统分为前后两个部分，分别控制前面牙盘和后面飞轮的挡位。前变速的控制杆在车把左侧，后变速的控制杆在车把右侧，后变速的使用频率会比前变速更高。

正确的变速要注意三点：1.根据路况预判，提前变速；2.变速的同时要踩踏，如果推动了变速挡位再去踩踏，会因为链条不能顺利进行挡位过渡造成挣断链条和损坏变速器等故障；3.勤变速，不断根据路面情况调整变速挡位能产生最大的效能。

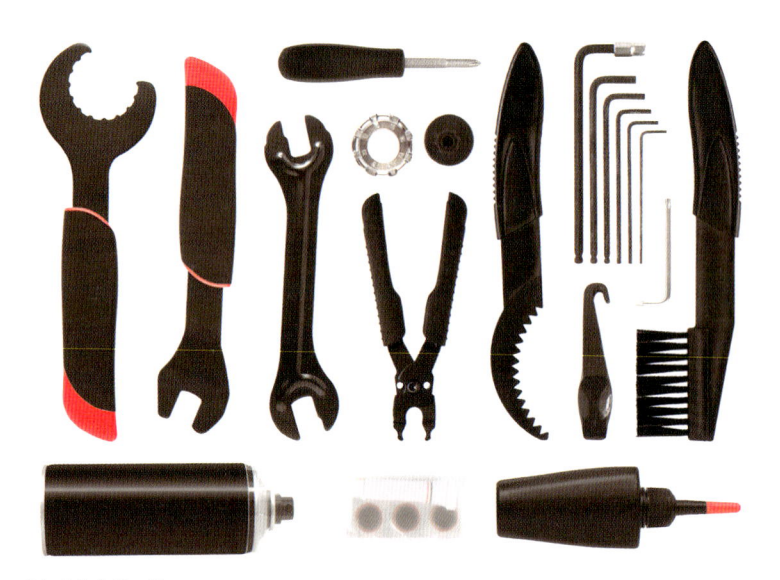

▲ 车辆应急维修工具

### 车辆应急维修

骑行路上，最常见的三种车辆故障分别是爆胎、掉链和零件松脱。应对这三种情况，我们一般需要携带这些工具——补胎胶（含补胎片、胶水、磨片）、撬胎棒、便携气筒（如果不嫌占地方，也可以带上备用内胎和折叠外胎）、打链器、六角螺丝刀组合工具等。

要是故障或者损坏比较严重，就不要勉强骑行了，既伤车又累人，还是老老实实把车推到大路边，请人运到专业自行车店维修吧。

### 深圳东方英文书院

创办于1994年，是深圳市较早的一所高起点、高品位、现代化、全寄宿制民办学校，设高中部、初中部、小学部、港台校和IB国际学校。

### 箣杜鹃谷公园

占地面积约6平方公里，漫山遍野种植了100余种箣杜鹃花。园内设置了客家文化广场、亲水平台、湿地花园、空旷草坪、多条绿道等。内设4个登山道入口，依山势而建的登山道合计长达5公里，贯穿凤凰山森林公园南北。

▲ 博商林

　　骑行至 1.2 公里处，路边立石，上书"博商林"，它是第一届凤凰山公益植树活动的纪念碑，如今已成为凤凰山的地标。

　　骑行至约 2.5 公里处，出现一个大手肘弯，这里也是一个分岔路口，如果往左沿盘山公路骑行，可到达凤岩古庙，往右则继续沿绿道骑行。

　　行程到 3 公里至 4.6 公里这一段，在荔枝林内穿行，路况非常平缓，刚才剧烈爬坡，现在正好缓冲休整。正所谓，没有上不去的坡，也没有过不去的坎。汗水能浸透所有的软弱，汗水风干会化作坚强。

　　骑过平缓道路后，是 300 多米的下坡，之后爬坡约 700 米，最后约 5 公里是畅快淋漓的下坡，一路直达终点深圳东方英文书院，向东 1.5 公里可达簕杜鹃谷公园。

　　这是一条相当典型的运动型绿道。出发前，要做好车辆应急维修的准备，带齐工具，有备无患，开心骑行！

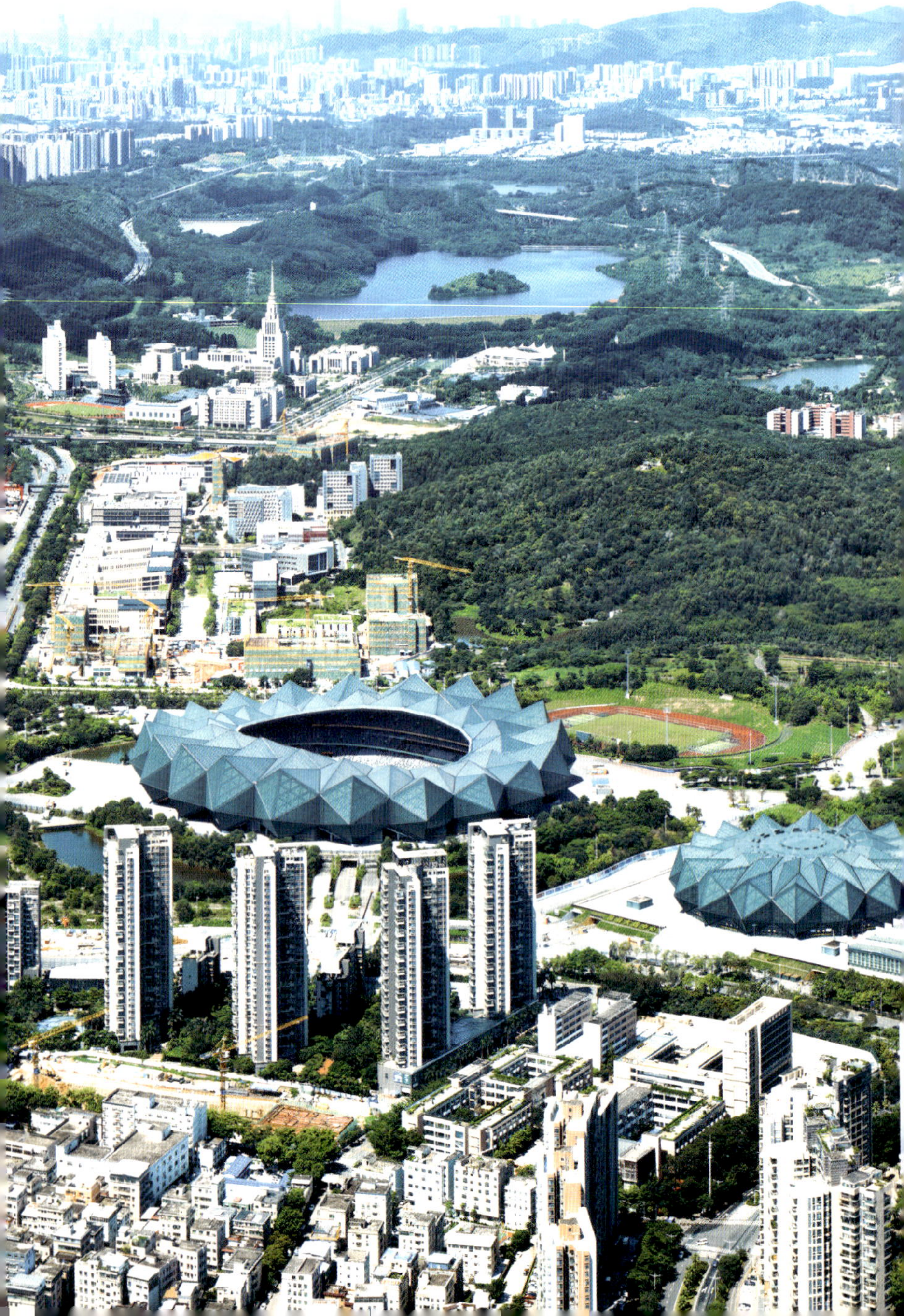

大运绿道

Universiade Greenway

## 骑行指南

**路线情况** 长度 9.3 公里，宽度 1.5 米—4 米，海拔范围 46 米—128 米，累计爬升 108 米、累计下降 82 米。沥青路面为主，少部分砖铺路、石板路。路面平坦有起伏、转弯平缓

**推荐入口** 青春路北门、龙飞路东门、国际大学园路南门

**推荐停车** 大运公园北门停车点、龙岗区体育中心停车场、自行车赛场路停车场

**配套设施** 遮阳凉亭、自助售卖机、观景台、洗手间、长凳

**开放时间**：06:00—23:00（共享单车禁行）

**适合人群**：普适

**适合车型**：所有车型

## 分段及景点

**大运公园北门至龙飞大道段**：1.6 公里
**景点**：生态体验区、大运书吧、大运中心

**龙飞大道至神仙岭水库段**：2.6 公里
**景点**：香港中文大学（深圳）、深圳信息职业技术学院、深圳北理莫斯科大学

**神仙岭水库段至大运公园北门段**：5.1 公里
**景点**：神仙湖、花山花海、叠溪谷

**骑行评价**

推荐指数 ★★★★☆
观赏指数 ★★★☆☆
难易指数 ★★☆☆☆

**雷达指数**

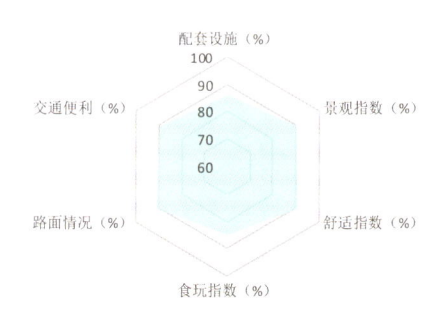

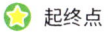

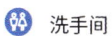

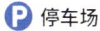

# 大运公园地图

**N** (指北针)

- 大运公园北门
- 起终点 ⭐
- 🅿️ 停车场
- 大草坪
- 深圳大运中心
- 大运公园东门
- 大运书吧
- 香港中文大学（深圳）
- 勤补轩
- 大运自然公园
- 大运神仙湖
- 神仙岭水库
- 🅿️ 大运公园南门
- 深圳市龙岗区体育中心
- 深圳职业信息技术学院

## 图例
- ⭐ 起终点
- 🚻 洗手间
- 🕐 休息区
- 🅿️ 停车场

▲ 大运中心片区

## 骑记

登高行大运，释怀山水间。第 26 届世界大学生夏季运动会于 2011 年 8 月在深圳市举办，体育生态公园——大运自然公园应运而生。大运绿道依山傍水，沿线有神仙岭水库、U 形湖、叠溪谷、大运中心等。

山林骑行道 | 291

**大运自然公园**
总占地面积约4.2平方公里,以健康活力为主线,集纪念、休闲、运动、集会、展示功能于一体。

▲ 帐蓬区

## 大运公园北门至龙飞大道段

从公园北门进入，上书"大运公园"红色四字的匾额被大石花草簇拥，三五成群的市民在此拍照"打卡"。骑行在大运绿道，绿树成荫，灿烂的阳光透过枝叶的缝隙洒下，光影斑驳。

正对北门的是4万余平方米的大片草坪，这是大运公园的帐篷区，可以举办包括草地音乐会、美好生活节在内的多项活动。草坪旁种有紫荆花、紫花风铃木，设有驿站、自助售卖机、自助充电宝。

望向绿草如茵的大草坪，眼前浮现出一幅和家人同游的美好画卷：阳光正好，时间恰巧，坐卧游戏，微笑嬉闹。

▲ 美好生活节

紫荆花
花玫瑰红或紫色，花冠蝶形。

紫花风铃木
花朵呈喇叭状或漏斗状，常在叶腋处形成顶生的大花簇。

▲ 紫荆花　　▲ 紫花风铃木

▲ 深圳大运中心

　　骑行在林荫绿道，不用担心灼热的阳光。悠然骑行约 500 米，在道路的左边可以看到簿册雕塑，上刻大运捐赠名单。道路右侧是一条宽约 1 米的石板小道，沿小道上行约 500 米，可达 360°的大运观景台，小道两旁生长的凤凰木惹人注目。

　　骑行中，一块块巨大的绿色水晶状建筑顶棚映入眼帘，这就是隔龙飞大道相望的深圳大运中心。

山林骑行道 | 295

**深圳大运中心**

2011年第26届世界大学生夏季运动会主场馆，也是在深圳举办重大活动的主要场馆之一。

▲ 薄册雕塑

▲ U形湖

山林骑行道 | 297

▲ 大运书吧

　　沿绿道骑行至 1.1 公里处，右侧是 **U 形湖**，湖畔坐落着**大运书吧**。左侧是绿地中别出心裁设计的廊道，顺廊道骑行至东门，然后沿路而下，就到了龙飞大道。

U 形湖
湖泊呈"U"形。设计灵感来自 2011 年第 26 届世界大学生夏季运动会会徽"欢乐的 U"，同时又是世界大学生运动会的英文首写字母"U"的形态。

大运书吧
临水而立的白色两层小楼，四季有绿植鲜花。

▲ 深圳信息职业技术学院

▲ 深圳北理莫斯科大学

香港中文大学（深圳）
2014年成立，现有经营学院、理工学院、人文社会科学院、数据科学学院、医学院、音乐学院六个学院以及研究生院。

深圳信息职业技术学院
前身为2011年第26届世界大学生夏季运动会运动员村。学校现为中国特色高水平高职学校和专业建设计划第一轮建设单位（B档），国家示范（骨干）高职院校。

深圳北理莫斯科大学
首所中俄合作大学。

▲ 香港中文大学（深圳）

## 龙飞大道至神仙岭水库段

　　龙飞大道的非机动车道为宽敞的石板路面，雨天湿滑，骑行须谨慎。路旁有簕杜鹃花海，右侧是**香港中文大学（深圳）**。

　　沿龙飞大道骑行 400 米至龙翔大道路口，右转沿 3 米宽沥青路面的非机动车道继续骑行。

　　顺着龙翔大道骑行约 250 米，路对面是**深圳信息职业技术学院**。前行至国际大学园路，右转，**深圳北理莫斯科大学**的哥特式建筑映入眼帘，其主楼顶端的五角星被称为"深北莫之星"。

### 龙岗国际自行车赛场

亚洲第一个可以同时举办场地赛、公路赛、山地赛的国际标准赛场。世界上第一个按国际自行车联盟 2001 年标准建设的赛场,也是国内第一个采用木质赛道的赛场。

感受着书卷气,来到 3 公里处的大运公园南门,自此骑行 7 分钟可达**龙岗国际自行车赛场**。

骑行至 4 公里处的环岛，左转进入**神仙湖**路段。

骑行中，我们可以看到神仙湖畔的**勤补轩**，不时遇到**鸿雁**、**洋紫荆**。

▲ 洋紫荆　　▲ 勤补轩

### 鸿雁
主要栖息于开阔平原和平原草地上的湖泊、水塘、河流、沼泽及其附近地区。鸿雁在中国传统文化中占有很重要的地位，以传书使者的形象频繁地出现在文人墨客的诗作中。

### 勤补轩
清康熙年间的水榭，轩名"勤补"，旨在勉励莘莘学子，"勤能补拙"为修身治学之道。

### 神仙湖
原名神仙岭水库，建于 1954 年。沿途有中式古典、西式浪漫两座特色凉亭，多种开花植物点缀其中，神仙湖的明星黑天鹅在湖面悠闲地展示着优雅的身姿。秋冬季节，鸿雁张开翅膀，双脚快速滑动从水面起飞。梧桐树下听凤鸣，神仙湖畔论古今。

### 洋紫荆
花朵似兰花，形态优美。

▲ 神仙湖

山林骑行道 | 303

▲ 鸿雁

## 神仙岭水库至大运公园北门段

别过神仙湖,后面 4 公里左右的路程都是在郁郁葱葱的绿道中。两旁树木构成了绿色廊道,阳光透过枝叶的缝隙洒下斑驳的光影。

恍恍惚惚,好像又回到了出发时的场景,定神仔细想想,这就是真实的世界。

山林骑行道

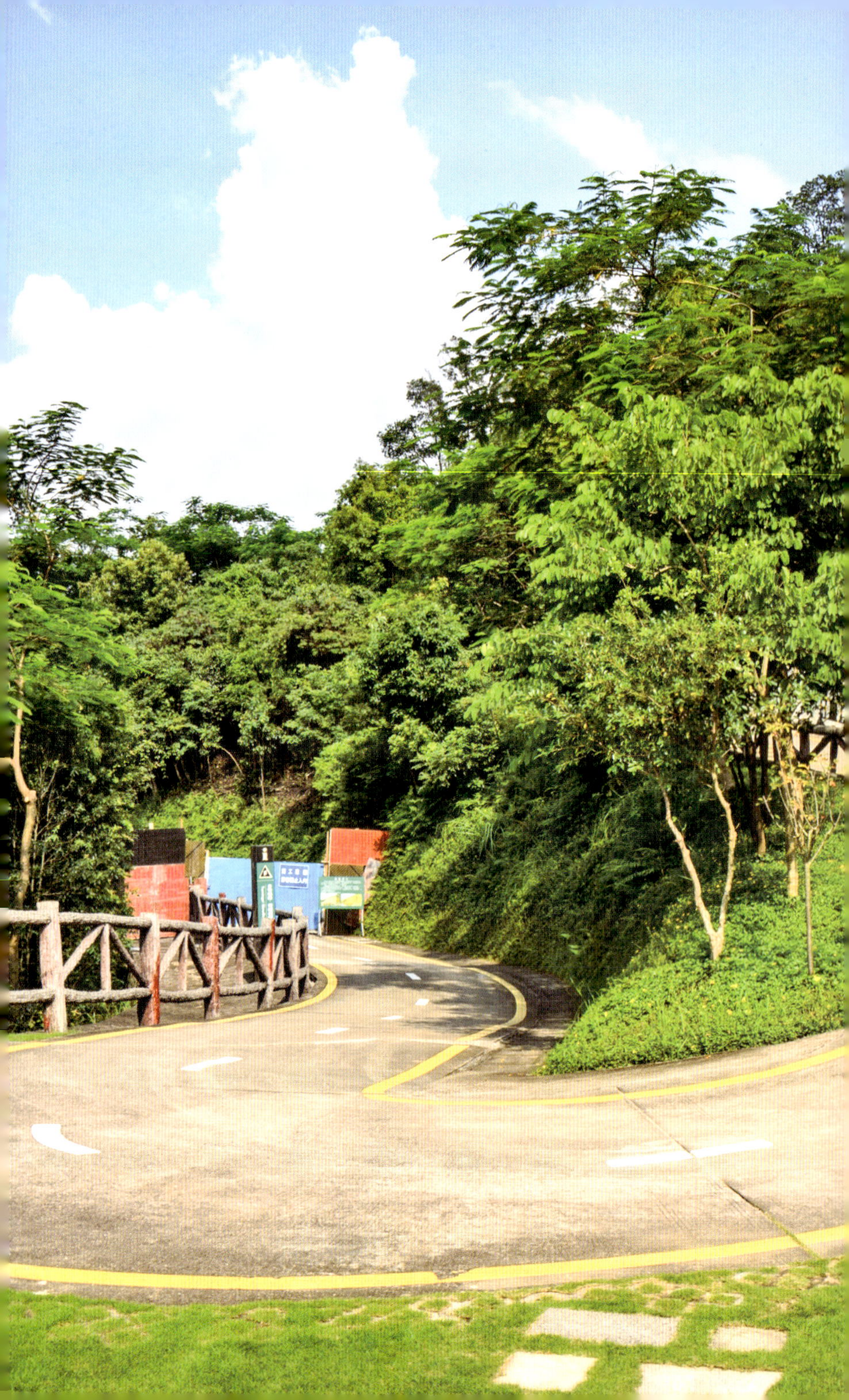

# 银湖山郊野径
**Yinhu Mountain Path**

## 骑行指南

**路线情况**
长度 10.4 公里，宽度 3 米—4.5 米，海拔范围 75 米—318 米，累计爬升 275 米。沥青路、水泥路，骑行道单独设计，部分路段与行人混行

**推荐入口**
银湖山郊野公园南门、正坑水库

**推荐停车**
三九花园停车场、高时运动社区（龙岗坂田环城南路 22 号）

**配套设施**
洗手间、遮阳凉亭、自助售卖机

**开放时间**：07：00—19：00（共享单车禁行）

**适合人群**：身体状况良好，具备一定骑行经验

**适合车型**：所有车型

## 分段

**银湖山郊野公园南门至正坑水库**：10.4 公里

**骑行评价**

推荐指数 ★★★★☆
观赏指数 ★★★★★
难易指数 ★★★☆☆

**雷达指数**

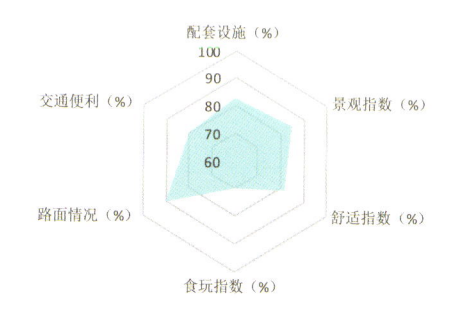

正坑水库 🅿
终点 ⭐

观景平台 🟢

银湖山郊野公园南门
起点 ⭐

⭐ 起终点 　　🚻 洗手间 　　🕐 休息区 　　🅿 停车场

## 骑记

**银湖山郊野径**穿行于**银湖山郊野公园**，风景绝美，但坡陡弯急，骑行时要高度专注，分外小心。如要观景，不妨把车先停好，放松心情，把美景的细节也一起带走。

## 银湖山郊野公园

银湖山上白云飞，溪流潺潺绕岩归——银湖山郊野公园总面积约12平方公里，最高峰为鸡公山，海拔约445米，跨罗湖、福田、龙岗、龙华四区。山体绵延相连，沟深林茂、岩石秀美、植被茂盛、生物多样。此地植被垂直变化明显，从山脚开始，低山常绿阔叶林逐渐演变为山地常绿阔叶林及次生性灌木林。有许多特色林，如枫香林、杨梅林、漆树林、山乌桕林、黧蒴林等。包括樟树、金毛狗、土沉香等植物。

▲ 银湖山郊野径

▲ 金毛狗

▲ 樟树

▲ 土沉香

**金毛狗**

植株高1米—3米,体形似树蕨,根状茎平卧、粗大,端部上翘,露出地面部分密被金黄色长茸毛,状似伏地的金毛狗头。

**土沉香**

高可达15米,分布于广东、海南、广西、福建等地。喜生于低海拔的山地、丘陵以及路边阳处疏林中。用作治胃病药,可提取芳香油。

**樟树**

常生于山坡或沟谷中,为造船、橱箱和建筑用材。根、枝、叶可提取樟脑和樟油,有祛风散寒、强心镇痉、杀虫的功效。

山林骑行道 | 313

　　郊野径起点位于银湖山郊野公园南门，开始骑行就是上坡，仅 600 米的距离，海拔就爬升了 112 米，坡度达到了惊人的 18%，这就需要懂一些 爬坡技巧 了。

　　往前骑行约 1 公里，朝东北方向眺望，可见烟波浩渺的 银湖水库 。

▲ 银湖水库

银湖水库
位于笔架山北麓，原名笔架山水库，湖岸呈不规则形状。总库容约 55 万立方米，集雨面积约 2.5 平方公里。

爬坡技巧
听到"爬坡"二字，就想到了劳累和辛苦，其实骑行爬坡也可以是放松和享受的过程。爬坡最重要的是节奏感，要保持适合自己的节奏，不要受旁人的影响。
首先，选用大齿比变速系统的自行车，车把的宽度至少与肩同宽。其次，控制踩踏的频率，预留最轻的一两挡备用，适时地转变挡位，调整肌肉群的使用状态。爬坡时较为理想的踏频是 40—60 转 / 分钟，心率控制在 170 次 / 分钟以下为宜。再次，当感觉姿势僵硬、劳累的时候，可以在坐骑和立骑之间转换，立骑能将身体的重心下移到腰腿部，更有利于将重力直接转化为驱动力。最后，力不从心时，可以慢下来调整呼吸和姿势。

一路骑行到 2.9 公里处，可见路旁有小路分支，那是山海连城的徒步路线。通过这条路线徒步约 1.8 公里可以到达银湖山生态连廊的鲲鹏径 1 号桥。

和分支点上遇到的山友作别，继续上车踩踏，直到 3.9 公里处，坡度都不大，起伏较为平缓，沿路有多个凉亭可供休息。

舒缓过后，骑行 1.8 公里，海拔提升 96 米，到达绿道最高点。

骑行时，能感受到绿道设计者的体贴。道旁设有路段和距离标识的里程碑，坡度较大时，路面设置了减速带。

离开绿道的最高点，骑至 6.6 公里处，有一观景平台，风高云涌、光影变幻。在此拍摄一段延时摄影，发到朋友圈一定会获赞无数！

在观景平台俯瞰城市、抒发胸怀后，再骑行约 1 公里，就开始长达 2.4 公里的下坡，从海拔 282 米一直下降到海拔 108 米，相当畅快。要注意下坡安全，控制车速，躲避行人。

▲ 观景平台

▲ 里程碑

▲ 下坡安全

鲲鹏径 1 号桥
银湖山和梅林山原为一体，因修建梅观公路被劈开。2024 年 1 月，横跨梅观公路的鲲鹏径 1 号桥竣工，它不仅连接了银湖山和梅林山的绿道，也成为野生动物迁移的重要通道。

### 观景平台
视野开阔,适合观景和拍摄风光大片。

### 里程碑
设于道路旁边,用以指示里程的标志,标有道路名称及距离。

### 下坡安全
一是器材。要注意自行车的保养和检查,留意零件有没有松脱,刹车系统是否工作正常。 二是意识。安全意识时刻牢记,对情况要有预判,不要存在侥幸心理,要注意线路的选择,不要越过道路中心线进入对向车道。三是技巧。 要了解器材,如国内生产的自行车,国家标准是左边后刹车,右边是前刹车。 捏刹车先捏后刹车,如果制动力不够,再通过多次轻点前刹车来增强减速效果。切忌突然大力捏紧前刹车,那会导致方向失控,甚至前轮抱死而造成前空翻的严重事故。

**正坑水库**

建于 1994 年，兼具防洪、生态、景观功能，总库容约 52.9 万立方米。

**簕杜鹃**

深圳市市花,又叫三角梅、叶子花,适于在温暖湿润的气候中生长繁衍。

**相思湾观景平台**

依水库岸基地形而建,向水中延伸凸出的半圆形观景平台。

　　回到平地,一簇簇艳红的深圳市市花<u>簕杜鹃</u>映入眼帘,进入<u>正坑水库</u>的范围,骑过<u>相思湾观景平台</u>后就是堤坝,终点到了。

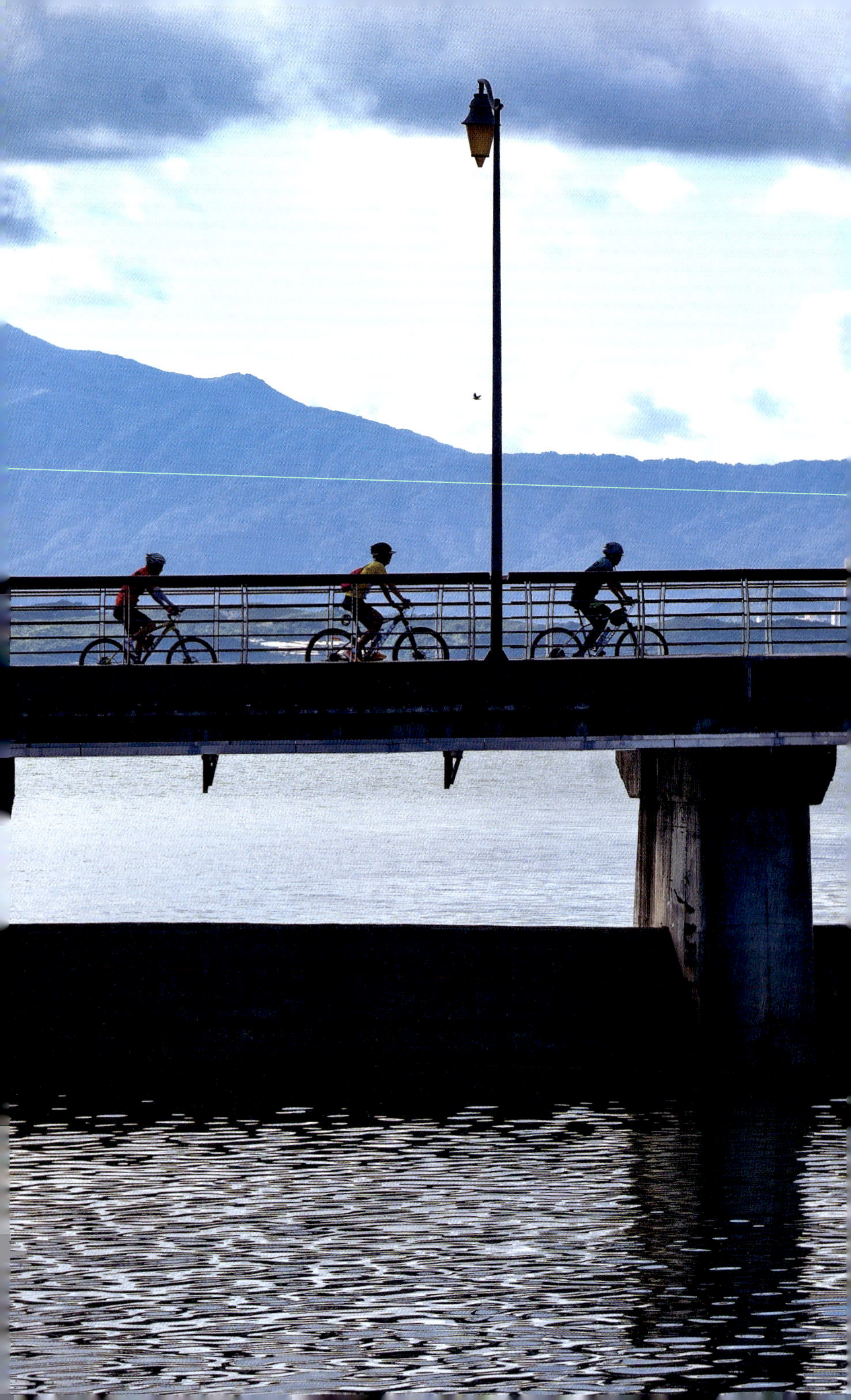

# 附录

骑行道的类型
骑行道难度分级
深圳骑行公约
骑行前热身和骑行后拉伸
骑行感言
骑友金句
喜德盛阿斯塔纳车队寄语

## 骑行道的类型

骑行道是指特定规划的自行车道路，一般宽度 3 米左右，两边用白色单实线与步道或其他车道分隔，部分自行车道有隔离栏或花坛等分隔。

### 市区骑行道
在城市主干道、次干道和居民区道路的最右侧划出一条宽度 3 米左右的非机动车道，设非机动车标识。

### 小镇街巷骑行道
欧美地区概念。在小镇，若设有汽车道或行人道，均应同时设置骑行道。

### 环市休闲骑行道

功能以服务市民休闲运动为主。多串联城市中的重要休闲场所、都市公园绿地以及近郊风景名胜等，同时能促进旅游业发展。

### 生态赏景骑行道

针对不宜开放机动车辆进入的生态敏感区而设置的骑行道，一般设在公园、景区、名胜古迹等处。

### 休闲游憩骑行道

配合发展生态观光而设置的骑行道。

# 骑行道难度分级

根据骑行线路的长度、爬升强度、骑行技能要求、骑行体力要求、路面状况、急转弯、陡坡、骑行舒适性、骑行连续性、基础配套设施情况等进行综合判断分级。

| 难度分级 | 骑行建议 |
| --- | --- |
| ★☆☆☆☆<br>休闲 | 路况：单程≤15公里、往返≤20公里，城市及周边道路，路面平坦，无明显爬升，沿途设施完善，包括餐饮、补给、维修等<br>人群：家庭休闲骑行，包括亲子骑行<br>装备：骑行头盔、眼镜、手套，全车型 |
| ★★☆☆☆<br>入门 | 路况：单程≤40公里、往返≤100公里，城市近郊道路，路面多样，总爬坡里程≤5公里，需自备补给，懂简易应急处理<br>人群：休闲运动<br>装备：骑行服、头盔、眼镜、手套，以山地车、公路车为佳 |
| ★★★☆☆<br>简单 | 路况：单程≤70公里，城市近郊道路，路面多样，包括国、省、县道，总爬坡里程≤15公里，需自备补给，懂简易应急处理<br>人群：健身运动<br>装备：骑行服、头盔、眼镜、手套，以山地车、公路车为佳 |
| ★★★★☆<br>中级 | 路况：单程≤120公里，穿越县、市道路，路面多样，总爬坡里程小于总里程1/4，需体力较好，自备补给，懂简易应急处理<br>人群：健身运动<br>装备：骑行服、头盔、眼镜、手套，以山地车、公路车为佳 |
| ★★★★★<br>困难 | 路况：穿越人迹罕至的高海拔区域，每天骑行100余公里，穿梭于城市与山岭之间，路况情况复杂，包括碎石路、土路等，需自带全套工具、地图、补给等几十斤装备，考验毅力，通常以团队方式骑行<br>人群：适合身体状况极好、骑行经验丰富、经常专业户外骑行者<br>装备：骑行服、头盔、眼镜、手套、修车工具、能量补给，山地车 |

## 深圳骑行公约

骑行运动，强身健体；掌握强度，缓解压力。
骑行装备，必不可少；防止意外，头盔手套。
勤检车辆，确保安全；骑行前后，热身拉伸。
骑行路上，遵守法规；文明意识，时时牢记。
各行其道，按需通行；人行横道，推车慢行。
弯道减速，刹车勿急；夜间骑行，勿缺灯具。
脱把骑行，万万不可；控制车速，提前预判。
列队骑行，保持间距；常打手势，互相提醒。
绿色出行，你我同行；文明骑行，共同践行。

深圳市自行车运动协会

# 骑行前热身和骑行后拉伸

骑行有益身心，但在骑行前后进行热身和拉伸非常重要。

### 一、骑行前热身

1. 膝关节环绕：通过缓慢地、逐渐增大幅度地做膝关节的环绕运动，可以预防骑行中可能的膝关节损伤。
2. 弓箭步：交替做弓箭步，可以改善下肢活动的条件，增强腿部肌肉。
3. 原地高抬腿：这个动作可以激活髂腰肌，提高腿部发力效率。
4. 胸椎旋转：通过腹式呼吸和身体旋转，可以增强胸椎的灵活性。
5. 髂腰肌拉伸：这个动作能够拉伸上肢、下肢和躯干的各个部分，增强关节活动度。
6. 腹股沟拉伸：通过身体下沉和屈肘，可以感受腹股沟的拉伸感。
7. 大腿后侧拉伸：通过前腿蹬直和脚尖勾起，可以感受大腿后侧的拉伸。

### 二、骑行后的拉伸

1. 腿部拉伸：站立位，一脚向前伸直，另一脚屈膝，身体向前倾，感受伸直腿的后侧拉伸；也可以进行侧弓步压腿，拉伸大腿内侧肌肉。
2. 臀部拉伸：坐在地上，双腿伸直，身体向前倾，尽量贴近腿部，感受臀部的拉伸。
3. 背部拉伸：双手伸直，身体向前弯曲，尽量触碰脚尖，感受背部的拉伸。
4. 肩部拉伸：左手伸直，右手勾住左手往右后方拉伸，感受肩部的拉伸；也可以双手向上伸直，尽量向后伸展，感受肩部和胸部的拉伸。

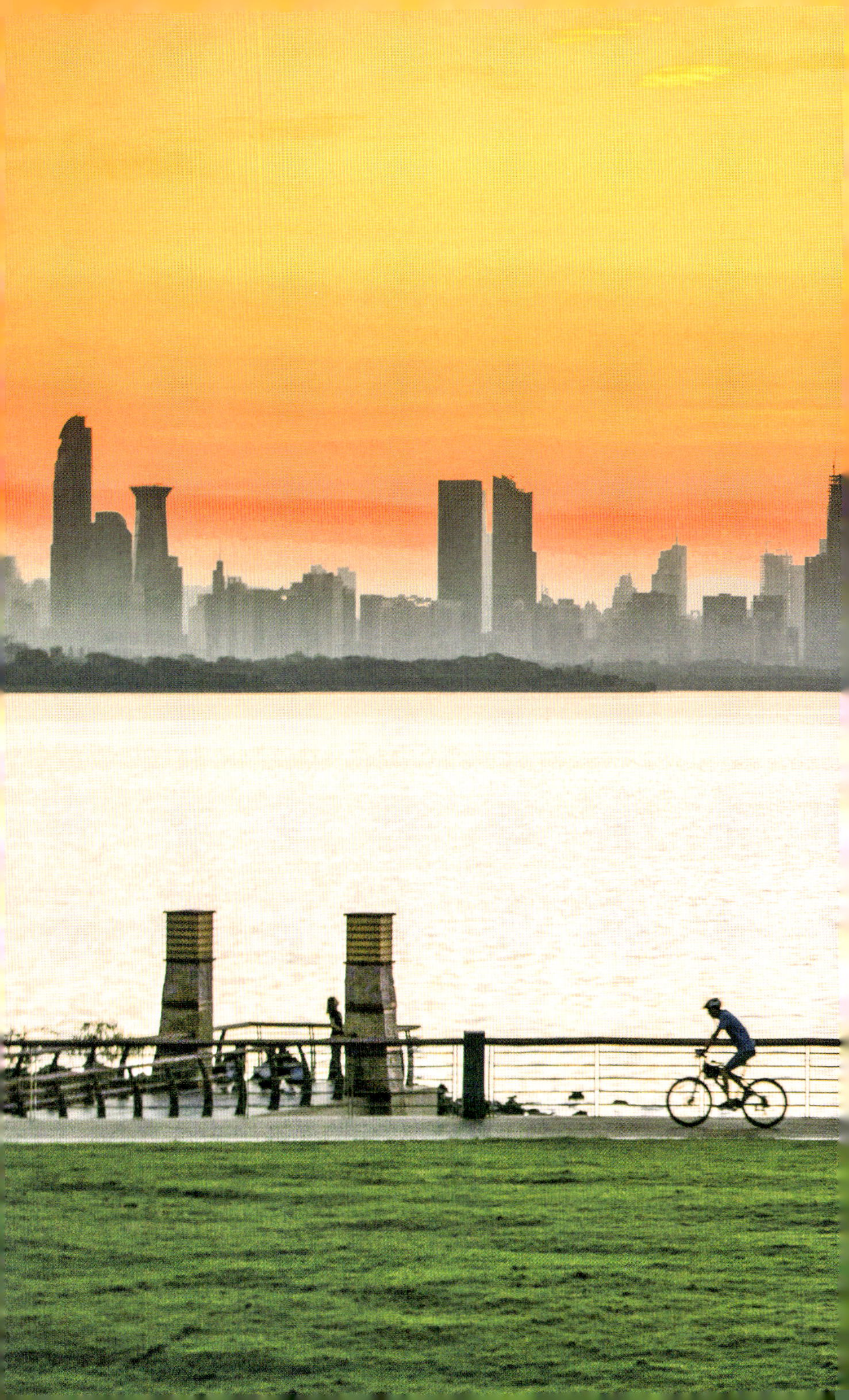

# 骑行感言

**深圳骑行，穿梭于创新绿洲的逐梦之旅**

在深圳，这座被誉为"中国硅谷"的城市，每一缕空气都弥漫着创新与梦想的气息。在这片充满无限可能的土地上，骑行，不仅仅是一种简单的出行方式，它更是连接城市与自然、现实与梦想的桥梁，承载着深圳人独有的生活态度与精神追求。

深圳，一个从无到有的奇迹之城，以其开放包容、勇于创新的城市精神，吸引着无数追梦者前来逐梦。在这里，骑行者们以车轮为舟，穿梭于高楼大厦与青山绿水之间，感受着这座城市的脉动与节奏。他们骑行在滨海大道上，迎着海风，追逐着远方的曙光；他们穿行在莲花山公园中，沐浴着阳光，享受着自然的馈赠。

这本书，将带你深入探索深圳的骑行世界，领略那些被城市繁华所掩盖的绿色宝藏。从福田CBD的繁华都市到盐田海滨的宁静栈道，从南山科技园的创新园区到龙岗绿道的自然氧吧，每一条骑行路线都是深圳这座城市独特的风景线，它们见证了深圳的成长与变迁，也承载了骑行者们对美好生活的向往与追求。

让我们一同踏上这场逐梦之旅，以骑行的视角，感受深圳的活力与魅力。在这里，你将看到，创新与传统并存，梦想与现实交织。你将听到，车轮与地面的交响乐，以及内心深处对自由的呼唤。深圳骑行，不仅是一场身体的旅行，更是一次心灵的洗礼，它让我们在追逐梦想的路上，更加坚定与从容。

## 骑友金句

我想带你看看，我看见的世界。

凌晨四点，沿着微弱的路灯，来到深圳湾，穿过悄无声息的海边，红树林的海泥混杂处，静得仿若能听见树苗生长的声音。路过一个个疲惫的"岗亭"，遇见两人成行的单车巡逻员，是凌晨深圳湾最安心的存在。我们来到日出剧场的大草坪，等一场日出……

从大沙河、深圳湾到华侨城绿道，这一路将城市风光串联。我们对城市的认知从点连成线，进而扩展为面，最后形成属于自己的多维空间，那会是生活吗？

山路蜿蜒，像是去冒险——穿梭在高低起伏的山间车道，头顶是绿树浓荫，耳畔是虫鸣鸟叫。路过平静的水库、茁壮生长的果林、河溪戏水的孩童……在下一个弯道，会看见怎样的风景呢？

挥汗在梧桐山的上坡，狂啸放声于山的下坡，跟路过的骑友道一声加油，同行者不必是友人，却一定是同好。

——穆亚菊

带着孩子尽情骑行在绿道追风，夏日蝉鸣，行人悠闲步行，伴着各类鸟声，一同打卡深圳大学，种下梦想的种子，愿多年之后他们能进入理想的大学。

孩子从骑行中感受到的美好都在升温，快乐都被延长，尽管太阳火辣辣，依然没有掉队，靠着自己的汗水，不断克服内心恐惧，不管是爬坡，还是爬高架桥，都元气满满、迎难而上。骑行的坚持，让我深刻体会到，活着最好的态度就是不辜负每一场骑行——全力以赴，忘记恐惧。乐趣指引着我们走向宝藏地，一路欣赏，一路坚持，每一项健康运动都值得发扬。

——李映霞

在盐田海滨绿道，骑行的速度可以随心所欲。可以选择快速骑行，感受海风扑面的畅快，也可以放慢速度，欣赏沿途美景，让心灵得到充分放松。

——敖卓仕

骑行是一种解压的方式，踏上自行车后，距离只是一个数字。只需要目视前方，其余的交给时间，这一刻自信占据了上风。微风从身旁吹过，路上的风景便是人生中宝贵的回忆。

——王鹏飞

最高观景台青草蜓矗立在山顶，站在上面，整个石岩湖的美景尽收眼底。凉水井草坪广阔无垠，那嫩绿的小草在微风中轻轻摇曳，像是在向人们展示它的生命力。而映日池像是一面巨大的镜子，天空和周围的景色倒映其中，构成了一幅绝美的画面。

——赖素琼

曾经，我也有访遍华夏名山大川的宏愿，后来被柴米油盐消磨掉了意气，渐渐庸庸碌碌泯然于众人。再回首，已是人到中年。深圳，这座朝气蓬勃、讲究效率的年轻城市，一切都很快，生存其中，我也不禁加快脚步，在日复一日早高峰的汹涌人潮里，变得愈发迷茫，于是我决定用自己的方式慢下来。

迎着初升的太阳，在静谧的晨光中骑行。即使在天气最炎热的八月，风穿过头盔空隙带来的清凉也令人心旷神怡，听着车轮转动和与地面规律摩擦的声音，腋下生风，烦恼似乎都被甩在了身后。

骑行真的是一件令人惬意的事情，周末成了我最期待的时间。我会在一个不下雨的周末，背上工具包，灌满骑行水壶，戴好头盔和手套，挑一个没去过的目的地，行程变得像开盲盒一样充满未知的乐趣。

沿着大沙河生态长廊的自行车道前行，阳光透过树梢，洒下斑驳的光影，为宁静的午后增添了几分诗意。我深吸一口清新的空气，感受着自然赋予的安宁与和谐。偶尔也会遇到几位骑友，胜负欲上来的时候会你追我赶几番，心照不宣地共享骑行的乐趣。

——丛树波

有人说，骑行是一种逃离，让自己走得更远；有人认为，骑行是一种欣赏，让眼前的风景更加迷人；还有人坚信，骑行是一种锻炼，让身体更加强健。对于我来说，骑行不仅仅是一种运动，它是我与自己对话的方式，是突破束缚、释放心灵的途径。

——海阳辉

它让我在忙碌的生活中找到了一片宁静的港湾，让我在自然中重新发现了生活的美好。每一次骑行，都是一次新的发现，一次与自己心灵的对话。

——魏 靖

大沙河生态长廊绿道，它不仅仅是一条普通的绿道，它更是我心灵的寄托，是我情感的归宿。它让我在繁忙的生活中，找到了一片属于自己的宁静港湾。它让我在喧嚣的世界里，感受到了大自然的伟大与神奇。它让我在迷茫的人生路上，找到了前进的方向与动力。

我并不急于加快骑行的速度，因为我深深地知道，在这条绿道上，每一处风景都值得我细细品味，都值得我用心去感受。

——林淑怡

深圳湾公园展现在眼前，广阔的绿地与波光粼粼的海面相互映衬，人们在这片天地中尽情地嬉戏玩耍、放松身心，或是在草坪上悠闲地晒太阳，或是沿着步道漫步，享受着惬意与安宁。

从红树林自然生态保护区开始，这里仿佛是城市中的一片宁静绿洲。茂密的红树林摇曳生姿，各种珍稀的鸟类在其间穿梭飞翔，那清脆的鸟鸣声萦绕耳际，让人仿佛置身于一个充满生机与活力的自然世界。

——杨红辉

骑行在新东绿道上，你会发现这条绿道不仅是一条连接景点的道路，更是一条连接自然与人文的纽带。在这里，你可以远离城市的喧嚣，尽情享受大自然的美景。你可以看到青山绿水、碧海蓝天，听到鸟儿的歌声，感受海风的吹拂。在这里，你可以放松身心，释放压力，享受片刻的宁静与美好。

——李 可

每一次跨上自行车，他都仿佛与风相拥，与阳光相伴。车轮在地面上缓缓滚动，带他穿越龙岗的每一个角落，感受着这座城市的勃勃脉动与无限生机。繁华的街道、宁静的乡村，日出的壮丽、日落的柔美，都一一展现在他的眼前。

十几年的骑行生涯中，他经历了无数的风雨。汗水与泪水交织，欢笑与伤痛相伴。但无论遇到什么艰难险阻，他都从未想过放弃，我亦如此。因为骑行已经成为了他的信仰，是他生命中无法割舍的一部分，也是我生命中的一部分。

——林世雄

## 喜德盛阿斯塔纳车队寄语

We are the XDS Astana Team, honored to be in Guangming, Shenzhen.The cycling paths here are beautiful, featuring mountains, lakes, and farmland. We warmly welcome friends from all over the world to come to Shenzhen, for cycling.

喜德盛阿斯塔纳车队寄语全球骑友：深圳山海连城，骑行道风景优美，我们热诚地欢迎世界各地的朋友们来深圳骑行。

▶ 喜德盛阿斯塔纳车队

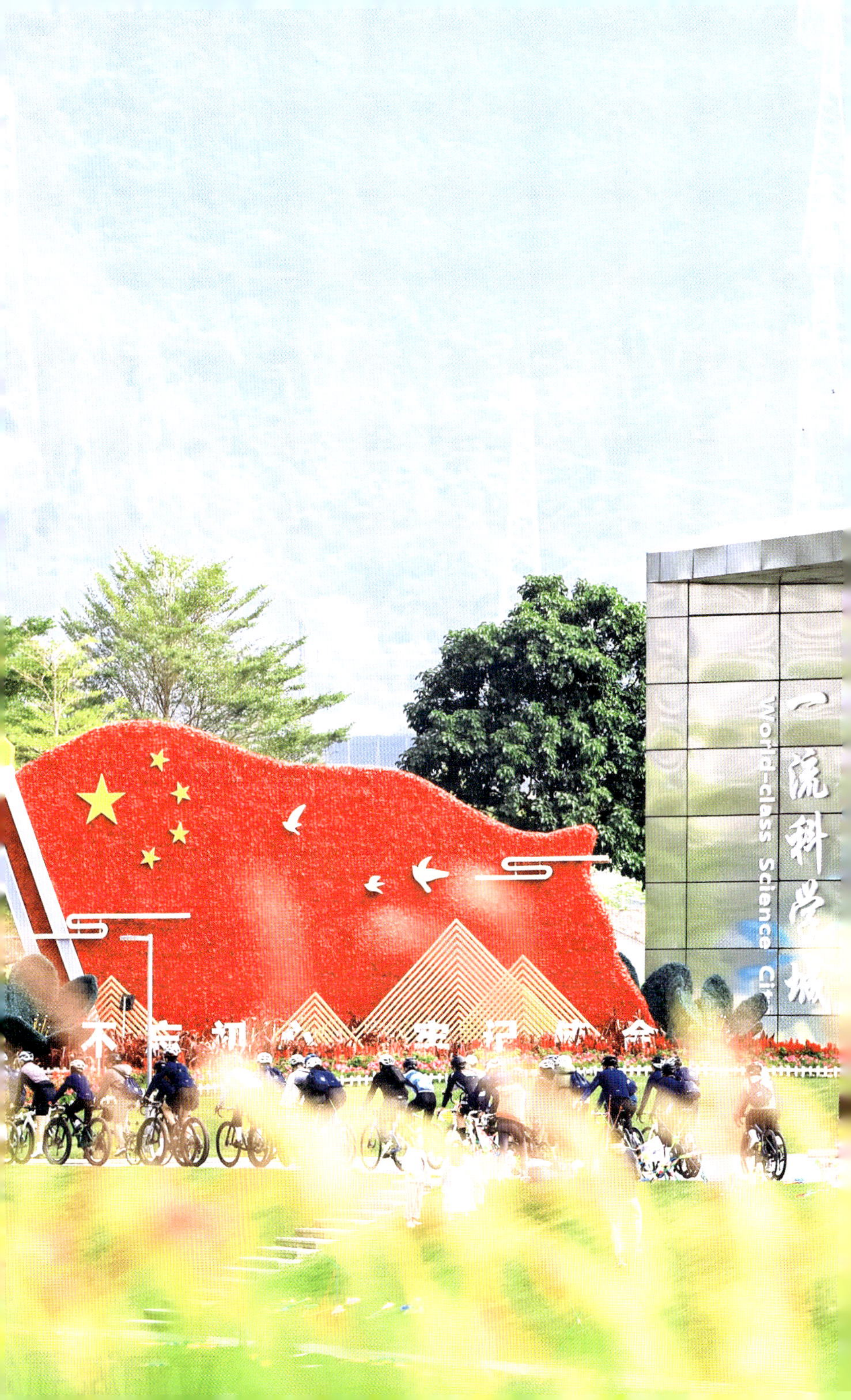
一流科学城
World-class Science

**温馨提示**

1. 本书截稿时间为 2025 年 3 月，如遇文中道路个别段维护或工程建设，带来不便，敬请谅解。
2. 台风、暴雨等极端天气条件下，骑行通行条件可能会改变。
3. 随着深圳骑行道网络不断发展，本书所述骑行道会增加交通接驳站和出入口，请留意官方消息。

## 鸣　谢

| | |
|---|---|
| 深圳市城市管理和综合执法局 | 福田区文化广电旅游体育局 |
| 深圳市绿化管理处 | 盐田区文化广电旅游体育局 |
| 罗湖区文化广电旅游体育局 | 宝安区文化广电旅游体育局 |
| 南山区文化广电旅游体育局 | 龙华区文化广电旅游体育局 |
| 龙岗区文化广电旅游体育局 | 光明区文化广电旅游体育局 |
| 坪山区文化广电旅游体育局 | 深汕特别合作区公共事业局 |
| 大鹏新区旅游发展和文化体育局 | 深圳市喜德盛自行车股份有限公司 |
| 深圳市自行车运动协会 | 深圳特区报 |
| 深圳图书馆 | 深圳晶报 |
| 深圳商报 | 深圳政府在线 |
| 深圳晚报 | 清华大学深圳国际研究生院 |
| 北京大学深圳研究生院 | 中国科学院深圳先进技术研究院 |
| 哈尔滨工业大学（深圳） | 深圳大学 |
| 北京大学汇丰商学院 | 深圳职业技术大学 |
| 南方科技大学 | 腾讯网 |
| 新华网 | 华润（深圳）有限公司 |
| 新浪网 | 华润置地深圳大区城市建设事业部 |
| 深圳市公园管理中心 | 深圳市城市交通规划设计研究中心股份有限公司 |